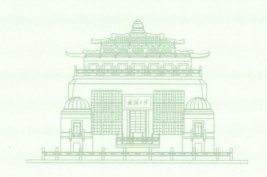

武汉大学数智教育丛书

武汉大学数智教育白皮书
数智人才培养篇

张平文　主编

武汉大学出版社

图书在版编目（CIP）数据

武汉大学数智教育白皮书．数智人才培养篇／张平文主编．--武汉：武汉大学出版社，2024.7．--武汉大学数智教育丛书．--ISBN 978-7-307-24435-1

Ⅰ．G642.0

中国国家版本馆 CIP 数据核字 202426JX58 号

责任编辑:林　莉　　　责任校对:汪欣怡　　　版式设计:韩闻锦

出版发行: **武汉大学出版社**　（430072　武昌　珞珈山）

（电子邮箱: cbs22@ whu.edu.cn　网址: www.wdp. com.cn）

印刷:湖北金港彩印有限公司

开本:720×1000　　1/16　　印张:7　　字数:84 千字　　插页:2

版次:2024 年 7 月第 1 版　　2024 年 7 月第 1 次印刷

ISBN 978-7-307-24435-1　　　定价:49.00 元

编 委 会

主　编：张平文

副主编：吴　丹　黄敏学　彭智勇　洪　亮

编　委（以姓氏拼音为序）：

毕卫民　陈苏一　高宝俊　郭　迟　洪　亮　胡庆武

黄　浩　黄敏学　黄志雄　姬东鸿　江　昊　江佳伟

姜　昕　焦雨领　李晨亮　梁少博　刘　昕　陆　伟

吕锡亮　孟小亮　彭　蓉　彭智勇　秦　昆　邱　超

王　皓　王　胜　王晓光　吴丹　项　焱　闫　利

杨先娣　杨志坚　张平文　赵一鸣　周　伟

前　言

当前，世界百年未有之大变局加速演进，数字技术带来的产业创新在全球范围高速发展，数字化已成为重组全球要素资源、重塑全球经济结构、改变国际竞争格局的关键力量。顺应数智时代潮流、推动数字变革与创新，成为全球共同面临的重大课题。大学作为科技第一生产力、人才第一资源、创新第一动力的重要结合点，应立足全球视野、担当时代使命，坚守人才培养、科学研究的核心职能，积极拥抱数智时代并主动回应其带来的变化与挑战。

大学应在人才培养过程中注重数字思维能力提升。在数智时代，人类面临众多重大复杂问题，需要增强数字思维，以多学科视角、运用数学方法和信息化手段提供解决方案。大学作为人才培养的主阵地，应牢牢把握时代需求，培养具有数字思维与数字素养的拔尖创新人才。

大学应进一步推进数智赋能科技创新与文化传播。在数智时代，科学研究范式和组织模式发生深刻变革，单一学科的研究范式和思维模式，难以实现科技创新的重大突破和复杂问题的解决。大学应进一步推进数智赋能科技创新与文化传播，大力推动跨学科、多领域的交叉研究，探索最前沿。

大学应以积极主动的姿态参与全球数字治理。当前，全球数字治理问题日益凸显，数据安全、个人隐私、道德伦理等方面面临一系列新挑战，数字领域发展不平衡、规则不完善、体系不健全等问题尤为突出。大学应充分发挥学科优势，积极参与解决全球性数字问题，助力搭建公平高效的全球数字治理框架，推动数智时代全球安全和发展。

大学既是科学技术的探索者和发现者，也是文化知识的生产者和改革者。数智时代的大学，应更积极应对机遇与挑战，在数字这一新领域，关怀人类、创造知识、传承文化，为促进人类文明进步、构建人类命运共同体作出更大贡献。

武汉大学作为世界知名、国内一流的高校，第一使命就是为党和国家培养高端人才。学校积极响应国家战略，回应时代需求，大力推动数智人才培养。据不完全统计，目前全校共有30多个教学单位开设了与数据科学相关的课程800余门，课程类别涉及通识教育课程、公共基础课程、大类平台课程、专业教育课程、创新创业课程等。

为更好地服务国家战略，提升武汉大学数智人才培养的综合实力，在学校统筹指导下，本科生院会同研究生院，组织全校数据科学与人工智能相关领域的20余位一线专家，经过数次研讨、方案修改以及校外知名专家论证，最终形成了武汉大学数智人才培养建设方案，并于2023年11月面向全球发布《武汉大学数智教育白皮书(数智人才培养篇)》。

张平文

2023 年 11 月

目　录
Contents

图 目 录

表 目 录

摘　要

　　随着新一代信息技术的迅猛发展，人类已进入数字时代。数字化具有极强的穿透力，对各行各业产生了巨大影响。当前，数字化已成为国家战略，数字中国建设不断深入。在数字时代，数字思维与数字素养成为公民应具备的基础能力。作为当代中国拔尖人才培养的重镇之一，武汉大学顺应数字时代潮流，响应国家战略规划与需求，将数智人才培养覆盖到所有学科专业及各个学历层次，在推动数据科学知识的交叉学习基础上，更加注重数字技能的融通实训，着力培养面向未来的复合型数智人才。

　　武汉大学数智教育白皮书（以下简称白皮书）从介绍数智教育概况入手，充分调研并分析了国内外高校数智人才的培养现状和显著差异，并以详实的数据与案例总结武汉大学数智教育的优势与特色，即武汉大学具有支撑数智人才培养的**全栈强势学科**：数学、计算机科学与技术、图书情报与档案管理、测绘科学与技术、地球物理学、理论经济学、工商管理、法学等，这些学科均具有较强实力；武汉大学具备数智人才培养的**丰富经验和良好基础**：完善的通识教育体系、丰富的数智人才培养资源，这些为数智人才培养打下了良好基础，并取得了丰硕成果。同时，也进一步分析了武汉大学数智教育当前面临的挑战，包括相关课程尚未形成系统的建设标准和体系、人才培养尚未形成差异化和梯度化的培养模式、数据资源和实践平台尚未形成全校共享。由此，提出建设具有武汉大学特色的一体化数智人才培养体系。

武汉大学遵循"顶层设计、统筹规划、分类培养、稳步推进"方针，制定全校一体化的数智人才培养体系建设方案，力争做到数据科学知识学习与技能培养的专业与学生全覆盖。武汉大学将以"五数一体"的培养思路推动全校数智人才培养的融合贯通，即"以数字思维的培养为根基、数字素养的锻造为拓展、数智课程的凝练为要点、数智人才的分类为依托、数智平台的打造为保障"。

培养方案将数智人才培养分为"通识、赋能、应用、专业"四个类型，采取"分类+梯度"模块化选课、"融通+创新"灵活性设课、"基础+场景"差异化授课的体系化分类培养思路，将全校数据科学核心课程统一为18门，以求解决专业培养差异化与知识学习统一化之间的矛盾，既可以推动数据科学与各个专业的交叉融合，又可以利用全校资源，从而有序推进各个专业的数智化培养。培养方案涵盖数字思维、数字素养、数智课程、数智人才和数智平台的总体培养目标与思路，支持高中、本科、专业型硕士和博士四个学历层次，"通识型、赋能型、应用型、专业型"四类人才，以及自然科学、空天信息、健康医疗、工业生产、金融商务、城乡政务、法务舆情、人文社会八大领域不同场景的人才培养。

武汉大学数智人才培养方案将按照"学生(主体)全覆盖、课程(客体)全校选、资源(载体)全校用、教学(本体)全数智、专业(实体)全融合"的"五体驱动"全面推进落实。充分利用教研相长的导师资源、产教融合的行业资源与科教一体的研究资源，助推基于"三教融合"的数智人才全方位培养，为培养出具有实践能力的可用好用的数智人才，武汉大学将以"真数据(算据)、真模型(算法)、真处理(算力)、真场景(算题)"来训练学生运用真数据、学会真模型、体验真处理、解决真问题的能力。为此，武汉大学将整合校内外资源，按照"共建共享、互联互通、交叉融合、开放运行"的总体思路，构建学校层面的实验创新教学平台，建设平台"**标准体系**"和"**一站式门户**"，汇集"**数据、工具、算力**"三大资源，支撑人才培养、科学研究、创新创业和社会服务。

1. 数智教育概况

1.1 数智时代的高等教育

随着全球新一轮科技革命和产业变革的深入发展，大数据、云计算、人工智能、区块链等数智技术创新活跃，数据作为关键生产要素的价值日益凸显，并深入渗透到经济社会各领域全过程。随着数智化转型深入推进，传统产业加速向智能化、绿色化、融合化方向转型升级，新产业、新业态、新模式蓬勃发展，推动生产方式、生活方式发生深刻变化。数字空间国际竞争进入新阶段，以信息技术生态优势、数智化转型势能、数据治理能力为核心的国家创新力和竞争力正在成为世界各国新一轮竞争焦点。

在新的时代环境下，顺应数智时代潮流，推动数智变革与创新，成为全球共同面临的重大课题。数字经济的发展改变了职业结构和人才知识技能结构，推动教育的数智化转型，培养具备数字思维、数字素养和智算技能的数智人才成为世界各国教育改革的重要趋势。

以数智化转型推动高等教育的高质量发展是新时代赋予大学的历史机遇，也是大学贯彻国家战略的应有之义。

1.1.1 发展数智教育推动社会转型进步

联合国自 2020 年陆续推出的"数字合作路线图"（Roadmap for Digital Cooperation）、"全球数字契约"（Global Digital Compact）等战略框架均以加强数字能力建设为目标，保障数字技术安全平等地惠及全民。联合国于 2022 年 9 月举办的首届"教育变革峰会"（Transforming Education Summit, TES）提出，要培养全民包括数字技能在内的终身学习能力，将数字技能纳入学生学习目标、课程和规划中，加强数字能力建设、缩小数字技能差距。

当今世界，数智技术正在加速重构经济社会发展与治理模式，智能化既是方式和手段，也是方向和目标。Gartner 2023 年新兴技术成熟度曲线显示，生成式人工智能等数智技术目前处于期望膨胀期，正在催生前所未有的创新机会。数智化发展体现社会和经济向新范式的根本转变，带来产业组织模式、现代基础设施体系、科技人才培育体系、社会发展治理模式等的革新与重构①。

近三年我国政府先后出台《"十四五"数字经济发展规划》《"十四五"国家信息化规划》《提升全民数字素养与技能行动纲要》《2022 年提升全民数字素养与技能工作要点》等政策文件，提出大力发展数字经济，提升全民数字素养与技能，推动教育数字化、智能化。

新一代信息技术影响着各行各业的发展，加快推动了各领域数智化转型升级，数智技术与实体经济、政务流程、社会治理等方面的深度融合，催生了更多新生产方式、新产业形态、新治理模式、新商业模式和新经济增长点。人才是经济社会发展的第一资源，发展数智教育不仅能提升公民的数字素养与技能，也能为我国数字经济高质量发展、社会数智化转型提供源源不断的人才支撑，促进数智技术创新成果转化应用，筑牢数字中国建设之基。

1.1.2 发展数智教育促进学科交叉融合

2021 年 4 月，习近平总书记在清华大学考察时强调指出要"推进新工科、新医科、新农科、新文科建设"。"四新"建设成为引领中国高等教育

① 中央网络安全和信息化委员会. "十四五"国家信息化规划［EB/OL］.［2021-12-27］. http://www.cac.gov.cn/2021-12/27/c_1642205314518676.htm.

改革创新、走向范式变革的标志性举措，对高校推动学科交叉、产业融合，面向社会变革、面向新兴科技，扎根中国大地加快培养卓越拔尖人才，推动创新型国家建设提出了更高要求。

在数智技术加速演进的背景下，新的学科分支和增长点不断涌现，学科深度交叉融合势不可挡，经济社会发展对高层次创新型、复合型、应用型人才的需求更为迫切。数智时代的穿透力对所有学科都有巨大影响，因此，发展数智教育、培养数智人才可以助力多学科交叉融合发展。同时，发展数智教育也催生了一批交叉学科。以"数字人文"为例，一方面，数智技术可以为人文研究提供新的研究手段、研究对象、研究议题，开拓新的场景，为开展数智赋能的人文研究提供技术支撑；另一方面，人文研究支撑了数智化技术发展的伦理规范，同时在虚拟仿真、情感算法、计算美学等领域发挥着更积极的作用，营造人文精神引领、先进技术支撑、丰富多元的数智化生态。① 又如，新华社媒体融合生产技术与系统国家重点实验室、测绘遥感信息工程国家重点实验室、武汉大学新闻与传播学院及遥感信息工程学院的专家、学者共同提出了"遥感新闻学"这一交叉学科方向，将卫星遥感与新闻相结合，使遥感新闻具有突破时空限制与频谱限制、多角度揭示规律和保证新闻客观性的显著优势。

1.1.3　发展数智教育赋能拔尖人才培养

社会数智化转型背景下，拔尖创新人才应立足实践，将数字思维、数字素养、智算技能与所学专业有机结合，并在实际情境中培养解决问题的数字能力。发展数智教育不仅需要搭建跨学科平台作为教学支持，还需要

---

① 张平文. 教育"数智化"的一些思考[EB/OL]. [2022-07-18]. http://lilun.youth. cn/202207/t20220718_13852428.htm.

完善拔尖人才数智教育知识体系作为有效路径。例如，生成式人工智能的普遍应用极大地提升了传媒业的效率，重塑了内容制作生成、创意创作和市场化传播等环节，对新闻、出版等传统学科完善人才培养知识体系提出了新的要求。

面向国家重大战略、关键领域研究需求，大力发展数智教育，构建多元人才培养体系，培养具备数字能力的不同层次、不同领域的数智人才，是立足实践之基、回答时代之问、赋能学科专业的关键一招。

1.2 数智教育的概念

1.2.1 数智教育的概念及特征

数智教育是指以大数据与人工智能技术为主要载体，培养学生数字思维、数字素养与智算技能及解决数智时代问题的数字能力为目标的交叉型人才教育模式。数智教育主要具有以下特征：

一是数字能力成为终身学习的重要内容。数智化转型影响深远，各个领域都在探索建立基于数智技术的发展范式，需要人才不仅具备专业领域的知识和技能，更要具备数字思维、数字素养和运用智算技能创造性解决复杂问题的能力。需要精准掌握数智化转型对宏观层面总体劳动力结构、中观层面行业人才需求、微观层面工作流程和岗位能力要求的影响，树立以数字能力为导向的人才培育理念。

二是数智技术教育和科技伦理教育并重。数智化转型是经济社会的整体转型，既需要技术的创新发展，也需要建立大范围的集体共识和共同行为规范。数智技术发展在推动生产方式变革的同时，给人类社会带来了复杂的伦理挑战。数智时代下的科技人才培育不仅仅是技术和理念的传承，更是推动技术和社会规范持续互动发展中的重要一环，因此应强调共同推进技术能力培养和科技伦理教育，普及科技伦理知识，提升应对科技伦理问题的能力。

三是数智的培养和培养的数智化相结合。数智化技术的重要特征是多学科交叉融合和应用场景牵动，更强调通过多元化的方式培养复合型人才。

既需要以建立数据密集型科研范式为牵引，培养具备数智化转型系统性思维、能够将数据科学技能与专业领域知识紧密结合的科研人才；也需要积极推进产教融合、校企合作，培养具有扎实理论基础和丰富实践经验的技能人才。同时，人工智能等数智技术也为更加智能化的培养体系、更有针对性的培养内容和更加灵活的教学方式提供支撑。①

1.2.2 数智教育的内涵及要素

1.2.2.1 以培育数字素养为基础

国家互联网信息办公室、教育部、工业和信息化部、人力资源和社会保障部联合印发《2022年提升全民数字素养与技能工作要点》，明确指出要推动全民数字素养与技能工作取得积极进展。

发展数智教育，数字素养的培育是关键。数字素养是指数字社会公民学习工作生活应具备的数字获取、制作、使用、评价、交互、分享、创新、安全保障、伦理道德等一系列素质与能力的集合。数字素养是一个人能够有效、安全和负责任地使用数字技术来获取、评估、创建和通信信息的能力。培育数字素养不仅是为了让学生在现代社会中更好地生存和工作，更是为了增强社会整体发展的可持续性。

高等学校应该成为推动全民数字素养提升的关键力量，并以此为契机，推动数智教育的变革和创新，通过提升学生数字素养与能力，培养具备学科知识跨界融合能力、沟通与协作精神、批判性思维、复杂问题研究解决能力、团队合作意识、创意与创新性的数智时代新人。

---

① 赵璐，李振国. 从数字化到数智化：经济社会发展范式的新跃进 [EB/OL]. [2021-11-29]. https://www.cas.cn/zjs/202111/t20211129_4816191.shtml.

1.2.2.2 以提升智算技能为抓手

智算技能是数字素养基础上更高的能力。它是基于对人工智能的理解、分析和有效使用数据的智能化能力。在数智时代，数据正成为一种宝贵的资源，对于决策制定、问题解决和思路开拓至关重要。提升智算技能不仅有助于个人发展，更有利于社会的进步。

智算技能的提升需要从基本的数据处理技能开始，例如数据收集、清理和可视化。然后，个体需要学会如何运用统计学、数据分析工具(包括机器学习与大模型)来解决实际问题。这不仅有助于个体更好地理解信息，还有助于组织更明智地制定战略和政策。

1.2.2.3 以数据科学为核心支撑

数据科学是利用科学方法、流程、算法和系统，从数据中提取价值的跨学科领域。它融合了计算机科学与技术、数学、统计学、信息资源管理等多个学科的基础理论。

数据科学理论和技术的创新实践，将成为数字化社会发展的不竭动力。因此，数据科学将成为培养数智人才的核心支撑，要求数智人才掌握数据科学的理论、方法和技术，具备业务分析、数据建模和应用、智能算法设计等全方位的数据价值实现能力。

1.2.2.4 以培养具备数字思维与数字素养的交叉人才为目标

2016 年，习近平总书记在全国科技创新大会、两院院士大会、中国科协第九次全国代表大会上提出"厚实学科基础，培育新兴交叉学科生长点"。学科交叉融合是当前科学技术发展的重大特征，是新学科产生的重要源泉，是培养创新型人才的有效路径，是经济社会发展的内在需求。

　　数智教育天然具有交叉学科特征，许多学科的最新发展都与数据和智能密切相关。发展数智教育，要重视培养学生的知识与能力，构建与数智时代相适应的全纳、公平、高质量、可持续的终身教育体系，培养具备数字思维、数字素养与智算技能的数智人才。

1.3　数智人才培养的需求分析

1.3.1　实现科技创新的需求

创新驱动发展，科技引领未来。党的二十大报告首次把教育、科技、人才"三位一体"统筹安排、一体部署，并将"推进教育数字化"写入报告，赋予了教育在全面建设社会主义现代化国家中新的使命任务，明确了教育数字化未来发展的行动纲领。

在数字经济时代，数字技术的革新会为未来教育带来重大机遇与全新挑战。未来教育的最大特点就是人机结合的数智教育，因此，高校需要加快推进形成以人机协同为引领的未来教育新形态，建设全民化、终身化学习型社会，提升数字竞争力。

当前，我国数智人才供不应求：一是数字技术和数字经济快速发展，对数智人才的需求呈井喷式增长，而数智人才培养需要一个过程，供求速度不匹配；二是高校数智人才培养体系尚不健全，尤其是专业和课程设置、师资配备、招生规模不能满足数智人才培养的需要；三是产学研协作培养数智人才不够，尤其是通过此方式培养兼具理论素养和实践技能的高素质数智人才不够；四是数字技能职业培训滞后，导致相关从业者的数字技能不能满足需要；五是受多种因素影响，从国外引进高素质数智人才减少；六是对数智人才激励不够，尚未充分挖掘其潜能。

1.3.2　数字产业发展的需求

《"十四五"数字经济发展规划》提出，到 2025 年，我国数字经济核心产业增加值占 GDP 比重将达到 10%。在此背景下，企业对数智人才的需求急剧增长，数智人才日益成为国家创新驱动发展、企业转型升级的核心竞争力。

各行业转型所需的数智人才可划分为数智管理人才、数智应用人才和数智技术人才三个类别。相关研究显示，2013 年至 2021 年，以传统和新兴数智人才培养高校和专业数量为评价指标的数智人才指数由 1000 增至 6440.46，增长了 5.44 倍。但数智人才的数量远不能满足数字经济发展的需求，数智人才缺口巨大，且随着数字产业化和产业数字化的快速推进，这一缺口还将继续扩大。

1.3.3　数智化社会转型的需求

数智时代的数据、信息和知识具有流动性、场景性、社会性等特点。互联网技术和即时通信技术的发展，将实体空间各类基础设施的连接转化为数字化的自主智能交互形态，打破组织、层级、领域、区域等各类边界，并进一步推进新的虚实结合的社会性空间和更精细化的社会分工的形成。目前，数智技术已应用于政府治理、科技创新等多个领域，未来也将覆盖各行各业，如自动优化城市资源配置的城市大脑、自动采集矿山风险数据并提前预警的智慧矿山、自动调控红绿灯的智慧路网、实现无人操作的巨型码头、自动分拣并配送的物流机器人等。

1.3.4　参与数字治理的需求

全球数字治理是指针对具有跨国属性的数字议题，围绕建构全球治理体系和治理机制以应对国际公共风险、释放全球公共价值的理论研究与政策实践。数字治理既包含"基于数字的治理"，也包括"对数字的治理"。当前，全球数字治理问题日益凸显，数据安全、个人隐私、道德伦理等方面面临一系列新挑战。大学应充分发挥学科优势，积极参与解决全球性数字问题，助力搭建公平高效的全球数字治理框架，推动数智时代的全球发展和安全。

2. 国内外数智人才培养现状

2.1 国外高校数智人才培养现状

面向国际，对标一流，专家组采用网络调查法对 QS2023 世界大学排名前 30 的高校相关数据科学专业人才培养情况展开调研。调研涉及计算机科学与技术、数学、统计学、信息资源管理四个学科。

2.1.1 人才培养体系

2.1.1.1 培养目标

在数据科学人才的培养目标方面，各高校旨在培养学生厚基础、广应用、强实践的综合素质。

(1)掌握扎实的基础知识。一方面，以开展"数据科学导论""数据科学原理"等通识类基础课程的方式，培养学生的数字思维；另一方面，通过数据科学专业基础知识课程，培养学生的数字素养，要求掌握数据处理与应用的基本技能，能够解决相关专业的数据处理与应用的一般问题，实现数据科学专业知识学习的全覆盖。

(2)注重交叉的融合应用。注重数据科学方法和技术在各学科的交叉应用，结合不同专业学科特点进行分类培养。

(3)培养解决问题的能力。例如，麻省理工学院开设小班研讨课程，鼓励学生实践，在课程中设置实验室项目，要求学生参与涉及计量经济学与数据科学相关知识和交流密集的实践项目，培养学生解决实际问题的能力。

同时，针对不同学历层次，国外各高校多采取梯度化培养。本科生培养目标主要集中在以解决实际问题为导向，注重使其掌握基础数据处理、分析和应用能力，基本掌握数据生命周期的整体视图；硕士研究生培养目标主要集中在培养学生解决问题的能力，使其能够更深入地掌握整个数据生命周期。

2.1.1.2　专业设置发展现状

当前，在全球范围内，美洲开设数据科学专业的高校数量居首位，其次是亚洲①，见图1。

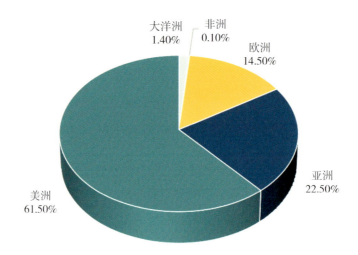

图 1　全球设置数据科学专业的各高校区域分布情况

在调研的 30 所高校中，共有 27 所高校开设了数据科学专业（见图 2），其中 10 所高校同时开设本科生、研究生的数据科学专业，17 所高校通过多个院系联合开设或者在跨学科研究所开设该专业，共占开设该专业高校数

---

① 和鲸科技，腾云大学，AWS，Datawhale. 数据科学教育白皮书［EB/OL］.［2020-04-14］. https://www.qianzhan.com/analyst/detail/220/200413-2e64cce1.html.

量的63%，例如，斯坦福大学、哥伦比亚大学由多个院系联合开设该专业；在跨学科研究所设立数据科学专业的有帝国理工学院等。数据科学专业的跨学科特征，已推动各高校院系设置由独立向交叉联合模式的发展变革。

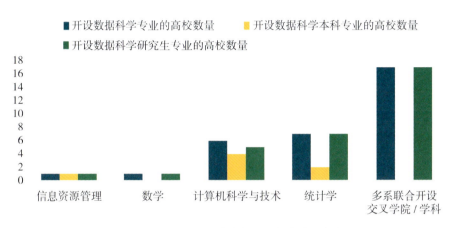

图2　全球设置数据科学专业的各学科分布情况

2.1.2　专业课程体系

依据欧盟、美国计算机学会、美国国家科学、工程和医学院发布的数据科学课程结构和课程指南，学界对数据科学的跨学科性质以及核心素养和技能已达成初步共识。数据科学课程培养的数字素养与技能包括数理统计和计算基础、统计和数据挖掘、工程技能和跨学科实践等。课程还提供了数据管理和分析技术以及实际项目管理知识，以提升学生的数据实践能力。

国外高校根据不同学历层次梯度设置培养课程，通常采用基于模块的课程体系，面向不同学科学生提供专业课程。同时，支持学生按学位、辅修、培训等不同学历层次的需求选择课程模块。

2.1.2.1　本科生课程体系

该阶段注重培养数据科学专业通识基础、数据处理基本方法与技术(数据全生命周期)、学科基础理论知识。开设"数据科学导论"等通识类课程,将"数据处理方法和技术"作为必修课程,同时,学生可根据个人基础选修高阶课程,熟悉数据管理、挖掘与分析方法和技术。

专业必修课程包括专业通识课程和学科必修课程。专业通识课程包括"数据科学导论""计算思维"等课程;学科必修课程包括"线性代数""概率论和统计方法"等数学统计课程、"计算机编程基础""算法设计和分析"等计算机课程以及"机器学习""深度学习"等数据科学基础课程。

专业选修课程主要包括"科学计算导论""计算机系统""算法设计与分析"等计算课程、"统计学习导论""现代应用统计""统计学概论"等统计课程、"数据管理系统""计算理论导论""博弈论和因果推理""应用矩阵理论""数据挖掘与分析""因果推理导论""复杂分析""图论"等数据计算与智能相关课程。

通过调研发现,麻省理工学院等国外知名高校数据科学实践类课程通常包括高峰体验(Capstone Experience)项目和独立实践。高峰体验项目要求开展统计案例研究或参加个人研究项目。独立实践,学生可从已发表的实例和前沿研究中汲取经验,完成实验性项目、撰写短文,旨在使学生具备数据科学的基础知识与对数据进行实证分析的实践经验。

2.1.2.2　研究生课程体系

硕士专业必修课程包括数据科学、数学和统计、计算科学等模块。数据科学模块侧重于掌握数据全生命周期知识点,注重数据系统设计和优化,该类课程要求学生必修"大数据分析与处理""数据挖掘""数据分析""数据可视化"等课程，同时，要求掌握"高级机器学习""机器学习方法和应用""深度学习""数据科学算法""人工智能""大数据系统的设计与优化"等课程知识；数学和统计模块主要包括"数据科学概率与统计""统计推断和建模""数据挖掘和统计学习"等课程；计算科学模块要求掌握数据科学计算方法与工具，主要包括"数据科学计算基础""分布式系统""面向对象编程""数值计算""数据库系统"等课程。

博士专业必修课程主要包括"随机过程""高级概率""统计推断""线性模型""数据分析""案例研究"等课程。

硕士专业选修课程包括数据科学以及学科领域模块，其中数据科学课程模块侧重于数据科学前沿方法与技术，包括"动态规划和强化学习""分布式算法""优化方法""自然语言处理""深度学习""机器学习""时间序列分析"等课程；学科领域课程模块涉及工程和应用科学、经济学、计算机科学、语言学等学科，包括"企业数据挖掘""生物医学统计""地理信息技术"等课程。

博士专业选修课程通常与学科研究领域应用相结合，包括计算类和优化类的课程，例如"算法分析""高级机器学习""随机建模""凸优化""图计算基础"等。

研究生课程模块中还包含研究项目、专业实习等。麻省理工学院要求学生在企业实习四周以上以获得专业经验，牛津大学要求学生参加讲座、高峰体验项目、课程研讨会或讲习班，帝国理工学院、伦敦大学要求学生参加数据科学领域研究项目或研讨会。

2.2 国内高校数智人才培养现状

对标国际一流，专家组同样采用网络调查法，对国内 30 所"双一流"高校展开调研①，分析各高校的培养目标、专业设置模式、课程体系等人才培养现状。调研涉及计算机科学与技术、数学、统计学、信息资源管理四个学科。

2.2.1 人才培养体系

2.2.1.1 面向学科领域的梯度培养目标

在数据科学人才的培养目标方面，各高校旨在培养学生具备：

(1)扎实的学科理论基础。部分高校以开展"数据科学导论"等通识类基础课程的方式，培养学生的数字思维。此外，高校对不同学科背景下数据科学的基础理论知识各有侧重。其中，信息资源管理学科培养目标具有图书情报领域的特色，重点培养学科交叉人才，注重信息资源管理、信息系统方向的知识与能力培养；计算机科学与技术学科培养目标是培养学生具备通过大数据技术、理论和方法解决实际工程技术问题的能力；统计学学科培养目标则是让学生能利用一定的数据分析技术解决实际应用领域的统计相关问题。

---

① 上海软科教育信息咨询有限公司. 2023 中国大学排名［EB/OL］.［2023-06-01］. https://www.shanghairanking.cn/rankings/bcur/2023.

（2）应用数据科学专业技能解决各学科领域实际问题的能力。各高校针对不同学历层次的学生实行梯度化培养。本科生阶段要求学生掌握学科相关基础知识和技能，注重培养具有数字思维的复合型应用人才；研究生阶段更加注重学生对某一研究方向的深入研究和创新能力，旨在培养数据科学理论研究与大数据应用方面的高层次应用型人才和研究型高级专业人才。此外，部分学校还开设了实践课程或开展项目实训。

2.2.1.2 多样化的专业设置

1. 开设数据科学专业地区分布情况

针对已设置数据科学专业的国内高校进行统计，形成各省、自治区、直辖市及特别行政区高校数据科学专业分布图（见图3）①。

2. 数据科学专业依托的学科

在国内高校，数据科学专业依托单一学科或者跨学科交叉融合存在，呈现逐步向跨学科联合培养、交叉学院培养的趋势。

在调研的30所高校中，共有27所高校开设数据科学专业，15所高校同时开设本科生、研究生的数据科学专业。其中，8所高校通过多个院系联合开设或者在跨学科研究所开设该专业，占开设该专业高校数量的30%。数据科学专业具有跨学科的特征，使得各高校逐步将数据科学专业由依托单一学科转变为跨学科交叉联合办学，以培养交叉创新人才。如北京大学的前沿交叉学科研究院依托交叉学科开设该专业。

---

① 高校人工智能与大数据创新联盟. 高校大数据专业排行榜2023全国743所高校数据科学与大数据技术专业教育教学综合实力排行榜［EB/OL］.［2023-06-09］. https://www.163.com/dy/article/I6Q7NQ750532N2UB.html.

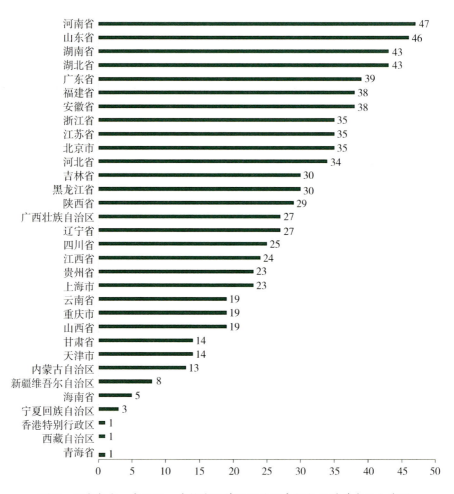

图 3 国内各省、自治区、直辖市及特别行政区高校数据科学专业分布图

2.2.2 专业课程体系

2.2.2.1 面向学科领域的模块化课程

根据网络调查法搜集到 22 所高校开设的数据科学专业课程信息，通过

对比发现，该专业课程模块主要包括专业必修课程、专业选修课程和实践课程。

专业必修课程包括专业通识类课程、专业必修（核心）课程。10 所高校开设了通识类课程，主要包括"数据科学导论""大数据导论"等；专业必修（核心）课程一方面旨在培养学生数据分析与处理的能力，开设有"数据挖掘""数据管理""人工智能"等课程，另一方面要求学生掌握计算机基础，开设了"数据库系统""信息系统设计"等计算机类课程。同时，学生还应学习数学、统计学、信息资源管理等相关学科的基础课程。

专业选修课程涵盖了高级大数据解析、大数据存储与管理，以及数据结构与算法应用等内容。

国内实践课程包括数据管理综合实践、数据分析实验、大数据实践等，有助于培养学生理论知识与实践相结合的能力。

2.2.2.2 基于学历层次与学科应用的核心课程

国内高校设置数据科学专业或研究方向的核心课程，主要结合学科专业和各学历层次进行。

1. 按学科专业分类

各高校核心课程集中在数据分析与处理类、计算机类、数学类以及学科领域类，包含"数据挖掘""大数据导论""数据管理""数据可视化"等专业基础课程、"数据结构""数据库系统""程序设计""人工智能"等计算机类课程、"离散数学""运筹学"等数学类课程、"信息资源管理""经济学""社会网络分析与挖掘"等学科领域类课程。

2. 按学历层次分类

各高校核心课程在专业理论知识和应用方面更加深入，本科生阶段注重专业基础课程，掌握数据分析、挖掘、可视化等方法和技术，倾向于实际应用能力，开设"数据分析""数据可视化""数据挖掘""数据库系统""大数据处理技术"等课程；研究生阶段基于数据处理和分析技术的专业基础，更注重专业理论学习与研究，例如"大数据算法设计与分析""深度学习""高级机器学习""优化理论"。

3. 武汉大学数智人才培养现状

3.1 发展数智教育的特色与优势

3.1.1 办学理念

武汉大学以办人民满意的大学为宗旨，秉承"自强、弘毅、求是、拓新"的精神，以谋求人类福祉、推动社会进步、实现国家富强为己任，引领学术发展，不断改革创新，矢志追求卓越，着力培养志存高远、脚踏实地，具有强烈社会责任感和民族情怀、具有创新能力和国际竞争力的拔尖创新人才，致力于建设中国特色世界一流大学。根据科学技术发展态势，聚焦国家重大战略需求，有的放矢培养国家战略人才和急需紧缺人才，为全面建成社会主义现代化强国和实现中华民族伟大复兴提供人才支撑。数智技术的发展，让数据成为与土地、人力、资本、技术一样重要的第五大生产要素，对社会生产、生活方式、经济发展与科学研究等各个方面带来深刻的变化和深远的影响。为适应数智时代人才培养的需要，武汉大学充分发挥综合性大学的学科交叉优势，勇担国家高端数智人才培养的重任，引领数智人才教育的发展。

3.1.2 学科交叉优势

武汉大学作为我国高等教育领域的综合性大学，学科门类齐全、覆盖面广、综合性强，涵盖了哲、经、法、教育、文、史、理、工、农、医、管理、艺术、交叉学科 13 个学科门类，82 个专业获批国家级一流本科专业建设点，8 个专业入选"强基计划"，11 个基地入选国家基础学科拔尖学生培养计划 2.0 基地，5 个一级学科、17 个二级学科被认定为国家重点学科，6 个学科为国家重点(培育)学科。学校有 11 个"双一流"建设学科，学科国际指标快速上升，学科基础研究能力显著提升，学校自然指数跻身全球前50 位，成为全球十大上升最快机构之一。

近年来，学校以体制机制创新和教育教学改革为重点，把促进学科交叉作为拔尖创新人才培养的重要途径，以基础学科建设为牵引，通过发展交叉学科、新增学科交叉专业、开办学科交叉试验班、设置跨学科课程等多种形式，深入推进学科交叉融合。学校现有 7 个交叉学科；46 个学科交叉专业，其中人文科学学部包括心理学等，社会科学学部包括大数据管理与应用等，理学部包括数据科学与大数据技术等，工学部包括智慧水利等，信息科学学部包括人工智能等，医学部包括生物制药等，弘毅学堂包括政治学、经济学与哲学等；16 个学科交叉试验班，包括数字文化本硕博贯通试验班、碳中和本硕博贯通试验班等。

武汉大学组建了大数据研究院，该研究院是集数据科学研究、数据平台建设与数据资源服务为一体的跨学科综合性学术研究与学术服务机构，重点聚焦金融、商务、人文、健康、社会治理与传媒等研究领域，旨在推动数据科学理论研究与方法创新，促进数据驱动型研究范式转变，培育新的学术增长点与跨学科研究团队。成立了文化遗产智能计算实验室，该实验室充分发挥哲学社会科学传统优势、测绘遥感等优势学科的数字技术优势，紧抓全球数字人文发展前沿，聚焦文化遗产活化利用，以数智赋能文化传播与传承，为文化遗产"活起来"提供了中国方案。

武汉大学还率先成立了华中地区首个前沿交叉学科研究院，大力培育学校交叉文化，为学科交叉融合创造契机，为跨学科交流合作搭建平台。该研究院与本科交叉人才培养责任主体弘毅学堂协同联动，力求在跨学科人才培养上寻求突破性进展。同时，该研究院将探索学科交叉研究和交叉学科发展的武汉大学新模式，促成不同学科之间的借鉴与合作，不断推动交叉学科的繁荣发展。

3.1.3 数智教育转型的经验

武汉大学在数智教育之路上不断探索转型，积累了以下经验：

一是发挥综合类院校的多学科优势，依托"数智+"推进交叉学科建设。不同学科与专业有着不同知识体系和人才培养诉求，对于数据科学知识的学习和掌握也有着差异化的诉求和培养目标。对此，学校不断推进交叉学科研究，鼓励学院合作参与国内外竞赛，举办国际交叉学科论坛。在实现数智人才学生培养需求侧"跃进"式改革的同时，以"渐进"式转型推动各个专业培养供给侧的数智化进程。

二是不断完善通识教育体系，为数智化转型打下良好基础。武汉大学通识教育始于 20 世纪 80 年代，从 2016 年开始，武大通识教育开启新篇章，正式进入 3.0 时代，逐步构建 3 门基础通识课程、60 门核心通识课程和 600 门一般通识课程在内的通识课程体系。为丰富跨学科类通识教育课程，本科生院联合 6 个学部的相关学院整合高层次人才资源，邀请国内外顶级专家学者，开设"智能机器人与先进制造""人工智能与大数据""哲学与社会""大数据与数字人文""中国开放型经济学"等跨学科通识教育选修课程，实现各学科全覆盖。全方位多类型的通识课程，帮助学生打破专业划分带来的限制，拓宽视野，积极适应跨学科的新趋势。

三是统一思想和认识，推进学校全方位教育数字化。武汉大学以教育数智化转型为战略重点，推进数字新基建优化升级，提升数智化核心能力，赋能学科专业转型升级，平衡数字规制与数字能力的系统任务布局。遵循

"顶层设计、统筹规划、分类培养、稳步推进"的方针，学校在充分调研和尊重各个学科专业差异化的基础上制定全校一体化的数智人才培养方案，并集合资源打造服务全校师生的数智人才培养平台，做到学生数据科学知识学习与技能培养全覆盖。学校积极推进信息技术与人才培养、管理服务深度融合，以信息化、数字化技术赋能教学质量管理，努力打造一流公共教学平台。学校还与高等教育出版社签署数字课程教材建设协议，致力于推动学校数字课程教材的建设。

四是构建优质产学研资源，协同培养数智创新人才。武汉大学深化与政府、高校、科研院所及企业的合作，实现校内外数据资源融合、特色数据品牌塑造和精准高效的数据服务，推动了数据科学理论研究与方法的创新，促进了数据驱动型研究范式的转变。学校以校级创新创业中心建设项目为牵引，高质量推进校企合作课程、实习实践、实践支撑体系建设。依托各教学、科研单位，学校开展学科前沿、行业产业发展、知识产权、科技成果转化、校企合作、创业大赛指导等专题培训和研讨会，鼓励师生紧跟技术变革新趋势和行业发展新动态，与实力雄厚行业、企业、科研院所开展合作。据统计，武汉大学近五年累计获批教育部产学合作协同育人项目 272 项，邀请 400 余人次行业企业专家走进本科生课堂。

3.2 数智人才培养现状分析

3.2.1 人才培养体系

3.2.1.1 人才培养目标

为满足数智时代经济社会对数智人才的需求，打通并平衡数智人才培养的供给侧与需求侧，培养具有交叉融合学科背景、开阔的国际视野，熟练掌握大数据管理理论与应用方法，能够服务国家重大战略需求并引领社会进步的宽口径、创新型、应用型和复合型的高端数智人才，学校根据数智人才培养领域专业特点，结合不同学历层次，设定差异化培养目标，构建数智人才培养标准，解决数智人才培养课程结构系统性缺乏、系列教材不足、深层次产学研合作平台不够等问题。

1. 本科相关专业人才培养目标

本科相关专业总体目标是培养学生具备各领域大数据分析理论与技术的实际应用能力，掌握大数据管理与治理方法。

在数据科学相关专业领域，以信息与计算科学专业为例，旨在培养具备扎实数学素养，能够运用数学建模、算法设计、计算机编程和软件开发来解决实际问题，经过科研训练，能在科技、工程、国防、医疗、教育和经济等领域从事科研、教学，在生产经营及管理部门从事实际应用、开发研究和管理工作的应用型、复合型数智人才。

在数智赋能相关专业领域，以空间信息与数字技术专业为例，旨在培养具有深厚软件工程理论基础和空间信息技术以及计算机网络技术，有一定管理和经济知识基础，可以运用数字工程技术对时空信息进行数字化处理，能够实现网络化传输、可视化表达、智能化决策的时空信息处理行业应用软件领域高级数智人才。

在数据应用相关专业领域，以金融工程专业为例，旨在培养兼具金融管理艺术和工程化思维方式，通晓金融学、数学和计算机等专业理论，具有创新精神和自主学习能力，能够从事金融产品设计及定价、金融风险管理的一流数智人才。

2. 研究生相关专业学位类别及学科专业培养目标

研究生相关专业学位类别及学科专业的总体目标是培养以数据技术与应用为基础，以数据计算、数据智能为核心，能够综合运用经济、管理、法律、信息科学、计算机、数学等相关理论，着力解决人文社科、自然科学、工程技术、医疗健康等领域数据应用、数智赋能、数据治理等实际问题，适应经济社会信息化和推动高质量发展的高层次、复合型、应用型数智人才。

在数据科学相关学科领域，以应用统计硕士专业学位类别为例，旨在培养掌握统计学、经济学基础理论和专业知识，熟练使用相关应用统计分析软件，具备从事数据收集、整理、分析、预测和应用的基本技能，能够独立从事相关领域统计工作的高层次数智人才。

在数智赋能相关学科领域，以空间探测与信息处理技术专业为例，旨在培养掌握坚实理论基础和系统专业知识，具有独立从事应用研究与技术开发的能力，能够在空间探测技术相关领域做出创造性成果的高层次数智人才。

在数据应用相关学科领域，以工程管理硕士专业学位类别为例，旨在培养掌握工程管理坚实基础理论和宽广专业知识，以现代信息技术和通信技术为手段，具有较强解决实际问题的能力，能够独立承担专业技术或管理工作，具有良好职业素养的应用型数智人才。

3.2.1.2　学科专业设置

随着社会经济的迅猛发展，数字化趋势对高等学校人才培养提出新的挑战和要求，数智人才成为战略竞争与科学发展的重要资源，教育的基础性、先导性、全局性地位和作用更加突出。数智教育的基础理论涉及数学、计算机科学与技术等学科，密切相关的学科包括测绘科学与技术、地球物理学、图书情报与档案管理、理论经济学、工商管理、法学等。武汉大学上述学科均为优势学科，其中测绘科学与技术、地球物理学、图书情报与档案管理、法学的学科实力雄厚，为学校开展高水平数智教育奠定了坚实基础。

武汉大学现有 130 个本科专业，数智人才培养领域共涉及 16 个学院的 35 个专业，其中，20 个专业入选国家级一流本科专业建设点、6 个专业入选省级一流本科专业建设点。根据专业与数据科学领域融合程度进行分类，可分为以下三类：数据科学相关专业(11 个，如软件工程、信息与计算科学等信息类专业，强调数据科学基本理论与方法)、数智赋能相关专业(16 个，如空间信息与数字技术等理工类专业，强调数据采集与管理分析)、数据应用相关专业(8 个，如金融工程等人文社科类专业，强调数据分析与应用)。

武汉大学现有 35 个研究生专业学位类别，数智人才培养共涉及 15 个研究生专业学位类别，其中数据科学相关专业学位类别 2 个(如电子信息、应用统计，强调数据科学的理论、技术与工具)、数智赋能相关专业学位类别 9 个(如机械、能源动力、土木水利等，强调数据科学带动工程领域的数字化、信息化、智能化)、数据应用相关专业学位类别 4 个(如金融、会计、工程管理等，强调数据的统计分析与实践应用）。武汉大学现有 61 个硕士学位授权一级学科，与数智人才培养相关的学科有 16 个，其中数据科学相关学科 5 个（如计算机科学与技术、软件工程、智能科学与技术、统计学等，强调数据科学的基本理论与前沿技术）、数智赋能相关学科 9 个（如测绘科学与技术、电气工程、控制科学与工程等，强调数据科学推动工程技术创新）、数据应用相关学科 2 个（如信息资源管理等，强调数据的管理、分析与应用）。

3.2.2　人才培养基础

3.2.2.1　课程体系

1. 本科生课程体系

（1）课程开设总体情况。武汉大学目前共开设数智人才培养相关本科生课程 338 门，涉及开课单位 26 个（见图 4）。这些本科生课程主要内容为数学与计算机基础、数据生命周期各阶段方法与技术，可分为公共基础课程、通识教育课程和专业教育课程三个类别。

为培养学生的数字思维，让更多学生了解围绕数据和信息开展的涉及其全生命周期的各项活动，武汉大学面向全校所有专业学生开设了 15 门与数据和信息相关的一般通识课程，包括"大数据导论""大数据与信息社会"等。同时，为加强对学生数智能力的培养，武汉大学结合不同学部不同专业对数据科学知识的需求，开设了 35 门不同层次的公共基础课程，包括"数字人文""数据分析""机器学习及应用"等。各学院根据学科专业特点，还开设了 288 门相关专业教育课程，包括"计算思维与数据科学""金融与大数据挖掘""数据库系统原理"等。

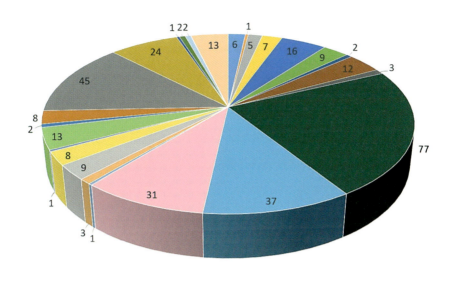

■ 测绘学院   ■ 测绘遥感信息工程国家重点实验室   ■ 城市设计学院   ■ 电气与自动化学院
■ 电子信息学院   ■ 动力与机械学院   ■ 法学院   ■ 国家网络安全学院
■ 弘毅学堂   ■ 计算机学院   ■ 计算中心   ■ 经济与管理学院
■ 历史学院   ■ 社会学院   ■ 数学与统计学院   ■ 水利水电学院
■ 图书馆   ■ 土木建筑工程学院   ■ 文学院   ■ 新闻与传播学院
■ 信息管理学院   ■ 遥感信息工程学院   ■ 药学院   ■ 哲学学院
■ 政治与公共管理学院   ■ 资源与环境科学学院

图 4　武汉大学数智人才培养相关本科生课程开设情况

　　理工医类学院以专业教育课程的形式开设数据科学相关课程，如"数据结构""机器学习"等，以提高学生使用现代工程工具和信息技术工具的能力；此外，还开设数据安全、伦理道德相关课程，以培育学生数字素养、人文社会科学素养。

　　人文社科类学院多以公共基础课程形式拓展学生的数字思维，培养学生跨学科交叉学习能力，通过专业选修课程或跨学院选课的方式提供具体数字技术课程。同时，武汉大学还面向全校本科生开设了系列实践（创新）

课程，旨在培养学生通过数据技术解决实际问题的能力，如"大数据与信息社会""大数据背景下的营销思维"等课程。

(2) 特色课程体系。面向不同学科研究领域，各学院在专业教育课程中设置了特色数智教育相关课程，以提升学生学科交叉研究能力，培养学生采用科学方法研究专业相关复杂问题的能力。一方面为跨专业入学的学生提供补修课程，以使其具备扎实的专业基础理论知识；另一方面，为不同专业研究方向、不同学科背景的学生，提供相应学科领域的课程，为相关专业进行数智赋能。

在数据科学相关专业领域，以软件工程专业为例，该专业形成了一套递进式的实践课程教学体系，大学一年级提高学生计算机系统和软件开发的认知，安排能调动学生学习兴趣的编程实践课程；大学二年级开设专业基础课程和主干课程，加强学生在课程中理论知识与实践环节的融会贯通能力；大学三年级安排实际工程应用项目的实训，提高学生应用能力和创新意识；大学四年级主要安排工程实践、实习和毕业设计，通过对所学知识的综合运用，参与企业项目研发，与市场需求衔接。通过上述实践课程教学，培养学生解决复杂软件工程问题能力及工程实践与合作能力。

在数智赋能相关专业领域，以导航工程专业为例，该专业构建了涵盖公共基础课程、通识教育课程和"1+X"专业教育课程模块的新体系，形成了"以软为主、软硬兼顾"的导航工程专业知识体系。该专业注重加强和测绘、计算机、电子与通信等多学科交叉，以卫星导航为基础，在高精度导航数据处理、多传感器集成应用、导航与位置服务等方面形成了自身特色。面向行业发展趋势，先后增设"视觉导航""自动导引系统""室内外定位"等课程，使学生能够适应现代导航与位置服务、人工智能、自动驾驶等行业和产业的发展需求。

在数据应用相关专业领域，以信息管理与信息系统专业为例，该专业建立了"学科平台+科研平台+实验平台+行业平台"的联动机制，开设"数据挖掘""数据可视化""应用机器学习"等课程，发挥教育部人文社科重点研究基地武汉大学信息资源研究中心、大数据研究院等科研平台的资源聚集作用，提升学生的数字能力和学习能力。

2. 研究生课程体系

武汉大学共开设数智人才培养相关研究生课程 536 门，涉及 14 个学院和科研机构。开设了"数据科学导论""大数据技术前沿""数学建模""知识图谱""自然语言处理""人工智能理论与技术""数字图像处理"等研究生课程，注重理论深化、技术应用与学科交叉。数据科学相关课程主要以统计学、数学、计算机为理论基础，包括数据挖掘与分析、数据治理与安全、大数据工程、人工智能与机器学习等相关内容。数据赋能相关课程，将自然科学、空天信息、健康医疗、工业生产等需要基于数据产出及深度分析的学科与数据科学交叉融合，归纳多样化的原理与方法，如"空间数据智能化处理""遥感数据融合与同化""数字孪生与智慧城市""数字景观设计""健康大数据""智能电网控制""工业过程智能化控制"等。数据应用相关课程主要介绍在具体场景和领域中的解决方案，拓展学科边界与范围，如"商业数据分析""数字商务技术与应用""大数据隐私保护理论与技术""数据财产法""数字人文理论与实践""数字出版与技术""数字政府"等。

3.2.2.2　教材出版

武汉大学围绕数智教育相关学科专业，主动加强教材建设顶层设计，组织编写并出版了相关领域的精品教材、特色教材共 59 本，其中本科生教材 53 本，研究生教材 6 本。如李春葆主编的《数据结构教程（第 6 版）》、李征航主编的《GPS 测量与数据处理（第三版）》、黄敏学主编的《网络营销》等。

3.2.2.3　师资队伍

武汉大学始终坚持以打造高水平师资队伍为抓手，以优秀师资助力高质量数智教育。学校目前共有数智教育相关专任教师约 800 人。其中，有 3 位中国科学院院士（龚健雅、李德仁、张平文）、4 位中国工程院院士（李德仁、张祖勋、李建成、刘经南）、3 位人文社科资深教授（彭斐章、马费成、陈传夫）、6 位国家级教学名师（李征航、马费成、何炎祥、刘耀林、邹薇、袁修孝）。

3.2.2.4　实验教学资源

1. 数据资源

近年来，武汉大学陆续引入了经济、金融、法律、医药卫生等学科领域的重要数据库资源，为数据科学专业建设提供了丰富的数据储备。其中，经济与金融类数据资源包括：中国银行业数据库（CBD）和中国省份营商环境评估数据库（2023）、Wind 金融终端、CSMAR 数据库、BVD 数据库、中国研究数据服务平台（CNRDS）、全球案例发现系统、工业企业数据库、2008 经济普查数据库等；法律类数据资源包括：中国知识产权文献与信息资料库、北大法宝、国别区域和全球治理数据库、Lexis ®全球法律数据库、月旦知识库等；医药卫生类数据资源包括：微谱数据库、人卫临床知识库、生物学家联盟数据库等。

除了上述引进的数据资源外，各单位在日常科研中也积累了丰富的数据资源，例如武汉大学自主研发的珞珈系列卫星、启明星系列卫星已经进行长期观测，积累了大量的遥感影像数据资源；大数据研究院对全校人文社科数据进行了汇聚，包括金融、商务、健康、传媒、社会治理等领域的大数据。

2. 软件工具与实验平台

学校可提供 MATLAB、LAMMPS、Tensorflow 等专业计算软件和几十种通用开源软件。

学校各学院建设了丰富的实验平台，主要包含文科与工科两大类。文科类实验室中，实验平台主要是基于先进的信息管理、大数据分析和人工智能技术进行开发的，涵盖了舆情分析、图书主题分析、复杂网络研究、图像语义分析、时序预测、历史文献研究、版面处理等多个领域，为研究人员、学者和从业者们提供了丰富的工具和资源。例如：信息管理学院的大数据舆情分析平台、电子图书主题分析与阅读系统等；法学院的法律援助实训平台、珞珈法学在线混合式教学平台等。

工科类实验室中，实验平台主要是基于先进的网络技术、虚拟仿真技术以及人工智能等技术形成的，为学生和教师提供了高效、便捷、安全的实践和教学环境。例如：国家网络安全学院的 Cyberbit 网络靶场、虚拟仿真实验教学平台等；计算机学院的软件类课程一体化教学平台、人机交互、智能机器人综合实验平台、口袋版实验平台，可支撑计算机科学与技术、软件工程、人工智能等课程实验教学；遥感信息工程学院的遥感人工智能实习实训平台，可以为遥感应用开发提供国产化、自主可控"全栈式"便捷工具，在智能无人系统测试基地中建设遥感+北斗+人工智能+机器人实训室，计划建成规模最大的世界遥感与人工智能大学生实训基地，搭建低空无人机遥感实验平台、实景三维数据采集实验平台、定量遥感实验平台、地上地下一体化三维探地雷达实验平台，使用前沿遥感测量技术，反映测绘地理信息发展新趋势。

依托丰富的实验教学平台，学校建设了覆盖多个学科的重点实验室、研究院等机构，培养学生科研实践能力。学校现有国家级实验教学示范中心 10 个、国家级虚拟仿真实验教学中心 3 个、湖北省实验教学示范中心 (虚拟仿真中心)25 个、国家级虚拟仿真一流课程 16 门、省级虚拟仿真一流课程 26 门。

3. 算力资源

武汉大学算力资源主要由超算中心和各学院自建算力平台构成，总算力位居全国高校前列。

超算中心集群系统是学校重点建设的校级公共服务平台，主要为学校教学科研提供高性能计算服务和技术支持，当前拥有 817 个计算节点和 6PB 数据存储空间，总理论计算能力达到双精度峰值 6650 万亿次/秒。

为满足内部算力需求，近年来各学院也陆续自行建设单独的算力平台，例如：测绘学院的高性能计算平台，包括 PowerEdge C6525 节点服务器(56 台)、PowerEdge C6400 机柜(14 台)和 Dell PowerEdge R7525 数据存储服务器(10 台)；遥感信息工程学院的高性能计算平台和人工智能实习实训平台，包括 Dell PowerEdge R750XA 和 R740 计算服务器(13 台)、长江 G420X V5 和 G220X V5 计算服务器(12 台)。

3.2.3　人才培养挑战

3.2.3.1　数智相关课程呈现碎片化

武汉大学目前的数智人才培养呈现分散化、碎片化的特征。数智相关课程大部分由各教学单位自主建设，缺乏统筹协调，许多课程内容重复，还未形成科学、系统的建设标准和体系。

同时，数智人才培养并没有系统考虑数字思维、数字素养、数智课程、数智人才和数智平台几个要素之间的关系，缺乏对于不同学历层次、不同学科的数智人才的差异化课程模块。另外，数智相关课程是实践性很强的课程，目前缺乏对于应用场景的系统性梳理，以及有针对性的培养方案设计。

面对数智时代的快速发展，如何构建专业全覆盖的数智课程体系，培养满足拔尖创新需求的数智人才，是目前武汉大学急需探索和解决的问题。

3.2.3.2　人才培养资源缺乏共享

武汉大学在数智人才培养资源方面位居全国高校前列。学校拥有多个数智相关专业，同时开设的数智课程众多，几乎覆盖了所有学科。数智教育所需的实验教学资源丰富，包括海量数据资源、高质量软件工具与实验平台和强大的算力资源。

然而，目前人才培养资源分散于各二级单位，缺乏共享，还未形成合力，需要进一步加强顶层设计，建立人才培养资源共享的良性机制，促进武汉大学数智教育内涵式发展。

3.2.3.3　数智教育资源需求与供给不平衡

数字化时代的穿透力，使得数智技术对各个专业都产生了巨大影响，社会对于数智人才的需求也不断增长。但是如何应对数智技术对相关学科的颠覆性影响，培养适应数智时代的拔尖创新人才，满足社会对于数智人才培养的期待和需求，是武汉大学提高人才培养竞争力、进入世界一流大学行列所面临的重要课题。

4. 武汉大学数智人才培养的思考与规划

4.1　数智人才培养的总体目标

一是数据科学知识学习的全面覆盖。当前，数据成为与土地、人力、资本、技术一样重要的第五大生产要素，对社会生产、生活方式、经济发展与科学研究等各个方面产生了深刻的变化和深远的影响。研究数据处理与应用的数据科学，在数智时代具有类似于工业时代数学和物理的基础性作用。武汉大学作为培养国家一流高端人才的基地，一直注重学生的"宽口径、厚基础"培养。为适应数智时代数智人才培养需求，武汉大学遵循"顶层设计、统筹规划、分类培养、稳步推进"方针，在充分调研和尊重各个学科专业差异化的基础上制定了全校一体化的数智人才培养方案，并集合全校资源打造服务全校师生的数智人才培养平台，实现数据科学知识学习与技能培养的专业与学生的全覆盖，培养跨学科复合型数智人才。

二是数智人才的差异化分类培养。武汉大学作为"文、法、理、工、农、医"兼备的综合性大学，不同学科与专业有不同的知识体系和人才培养诉求，对数据科学知识的学习和掌握也有差异化的要求和培养目标。为此，武汉大学将数智人才培养分为"通识、赋能、应用、专业"四个类型，贯通高中、本科、专业型硕士和博士四个学历层次，采取"分类+梯度"的模块化选课、"融通+创新"的灵活性设课、"基础+场景"的差异化授课的体系化分类培养思路，将全校数据科学核心课程统一为 18 门，有利于解决专业培养差异化与知识学习统一化的矛盾，推动数据科学与各个专业的融会贯通，并且利用全校资源有序推进各个专业的数智化培养。在实现数智人才学生培养需求侧"跃进"式改革的同时，又以"渐进"的方式推动各个专业培养供给侧的数智化转型。

4.2 数智人才培养的内涵与外延

4.2.1 数智人才培养的基础

数据科学是关于数据处理的科学。数智人才培养的基础是掌握数据处理的基础知识,即培养数字思维与数字素养(见图5)。数字思维强调开阔眼界,具备包括数据科学导论、数据伦理与治理、数据要素与安全在内的基础知识;数字素养强调培养数据问题解决能力,掌握包括数据采集、数据管理、数据分析、数据挖掘、数据呈现等基于生命周期的数据处理能力。目前业界对数据人才的需求,包括数据挖掘、数据工程与数据分析等,与武汉大学提出的培养学生数字素养等内容相契合。

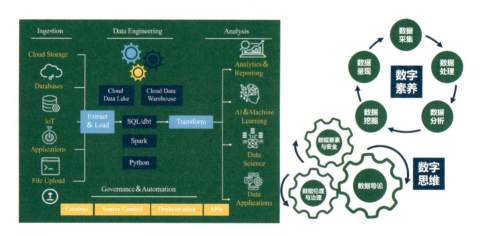

图 5 数智人才培养的基础

4.2.2 数智人才培养的价值

数智人才培养的关键是面向应用。在与相关领域结合的基础上，发掘数据背后所蕴含的价值，赋能领域的发展与应用。数据的应用就是要从数据中提炼出信息，从信息中挖掘出知识，再赋能解决问题，这就是数智人才培养的价值所在，并与数据科学的知识体系——数据基础、数据计算、数据智能、数据创新等一脉相承(见图6)。数据计算包括数据分析与处理、数据结构、计算方法与数据安全；数据智能则包括人工智能与机器学习、深度学习与大模型、智能算法设计与分析，该过程能够进一步挖掘数据的价值，从而满足应用学科的需求。

图6 数智人才培养的价值

4.2.3　数智人才培养的拓展

数智人才的培养依赖一定的场景，需要与诸多交叉学科融通，可以将其分为数据增强类学科与数据应用类学科（见表1）。数据增强类学科对数据本身存在很强的需求，可以生产大量数据，强调数据的"造"。这类学科更多是理工农医类，如自然科学、空天信息、健康医疗、工业生产领域，其本身会产生大量数据，且需基于数据去做后续深度分析。这类学科与数据科学融合是一种内生式、迭代式、聚变式的创新，强调数据的本源性基础作用，对数据方法的需求多样，需要将多种学科高度融合。

数据应用类学科主要是人文社科类如金融商务、城乡政务、法务舆情、人文社会等领域，强调数据的"用"，注重交叉裂变。这些学科本身不会产生很多数据，但需要通过数据的分析、处理、挖掘来解决学科问题。在数据的赋能下做传统人文社科不能做的事情，拓宽学科边界与范围，即人文社科学科提出需求，数据提供解决问题的工具，由此拓宽学科需求与应用的边界。该过程更多体现的是学科交叉，更加强调的是数据挖掘。

表1　武汉大学基于八大领域的数智人才培养拓展

门类	领域方向	课程设置部门	科教大数据资源
数据增强类：理工农医类专业	自然科学大数据	主要是数学与统计、物理科学与技术、化学与分子科学、生命科学等相关学院	高等研究院
	空天信息大数据	主要是测绘、遥感信息工程、资源与环境科学、城市设计、土木建筑工程等相关学院	测绘遥感信息工程国家重点实验室

门类	领域方向	课程设置部门	科教大数据资源
数据增强类：理工农医类专业	健康医疗大数据	主要是生命科学、药学、第一临床医学、第二临床医学、公共卫生、护理等相关学院	医学研究院
	工业生产大数据	主要是动力与机械、电气与自动化、水利水电、土木建筑工程、计算机等相关学院	工业科学研究院
数据应用类：人文社科类专业	金融商务大数据	主要是经济与管理、信息管理、计算机等相关学院	武汉大学大数据研究院
	城乡政务大数据	主要是政治与公共管理、信息管理、社会、资源与环境科学、城市设计等相关学院	
	法务舆情大数据	主要是法学、新闻与传播、计算机、信息管理、电子信息、国家网络安全等相关学院	
	人文社会大数据	主要是历史、国学、文学、外国语言文学、信息管理、哲学、马克思主义、艺术等相关学院	教育部文化遗产智能实验室

4.3 基于"五数一体"的培养思路

为了更好地实现数智人才培养的全校覆盖和"通识、赋能、应用、专业"四个类型人才的差异化培养，武汉大学将以数字思维的培养为根基、数字素养的锻造为拓展、数智课程的凝练为要点、数智人才的分类为依托、数智平台的打造为保障，以"五数一体"推动全校数智人才培养的融会贯通(见图7)。

4.3.1 以数字思维的培养为根基

数字思维即培养学生对数据科学的整体认知，掌握数据科学的基础知识，了解数据处理与应用的方法与模式，以及能够解决面临的数据科学相关问题和挑战。针对不同类型人才培养，应采取差异化的课程教学方式。对于通识型(人文类)数智人才，以开展全校基础课程的方式来学习数据科学导论，建议取代现有的计算机基础课程，在不增加学生负担的同时，提升学生数智时代的数字思维和基本的数据处理技能；对于赋能型(理工类)和应用型(社科医学类)数智人才培养，在掌握数据科学基础知识的同时，还要掌握数据要素、数据治理与数据安全的相关知识，提升对数据认识的广度和深度；对于专业型数智人才培养，则要将数据科学基础知识作为入门导论，为后面的学习打下基础。

4.3.2 以数字素养的锻造为拓展

对于通识型学生侧重于培养学生数字素养，即基本掌握数据生命周期

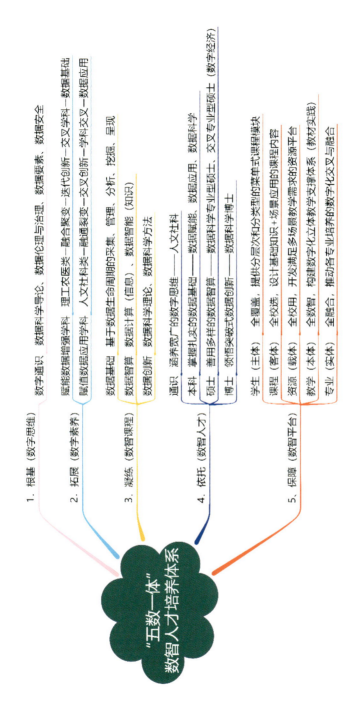

图 7 武汉大学"五数一体"数智人才培养体系

各个阶段(采集、管理、分析、挖掘、呈现等)的数据处理技能，并能够在相关专业的数据处理与应用中解决一般问题；对于赋能型学生侧重于掌握数据生命周期前期阶段的技能，即数据的采集、管理和分析；对于应用型学生侧重于掌握数据生命周期后期阶段的技能，即数据的分析、挖掘与呈现；对于专业型学生则要求全面掌握，为后面的学习奠定基础。

4.3.3 以数智课程的凝练为要点

数智人才培养的核心是数智课程的体系化。为满足数智人才培养四个类型的需求，需要在统一数据科学相关课程的基础上，按照"分类+梯度"方法对课程进行模块化设置，具体可分为：数据基础、数据智算、数据创新三个模块。数据基础主要培养学生的数字思维和数字素养，即 Know-What 和 Know-How 方面的知识，满足绝大部分本科专业学生学习数据科学基础知识的需求；数据智算主要培养学生的深层次数据计算与智能分析的智算技能，需要掌握 Know-Why 方面的知识，满足数据科学专业硕士人才培养的需求；数据创新主要培养学生的知识创造和创新能力，即 Create-Knowledge，需要掌握数据科学研究的理论与方法，满足数据科学学术博士培养的需求。

4.3.4 以数智人才的分类为依托

要实现数智人才培养的全覆盖，必须结合不同学科专业进行差异化分类培养。具体来说，人文类专业对于数据科学的运用相对较少，更多是通识类的学习；社科类专业特别是应用型社科类专业，由于面临生活方式和社会生产的高度数字化，掌握数据分析应用能力也日渐重要；理工类专业由于科学计算与实验分析对数据的依赖性相对较高，需要具备较好的数据基础处理与分析计算能力；信息类专业需要掌握数据科学前沿知识和具体场景应用(见表2)。因此，在差异化分类培养数智人才的同时，可以采取课程融会贯通的方式进行统一化教学，打造全校数智人才培养平台。

表 2　武汉大学四类数智人才培养的知识体系

数智人才类型	数据基础		数据智算	数据创新
	数字思维	数字素养		
通识型 (人文类专业)	★			
赋能型 (理工类专业)	★	★	☆	
应用型 (社科类专业)	★	★	☆	
专业型 (信息类专业)	★	★	★	★

备注：★表示具备，☆表示了解。

4.3.5　以数智平台的打造为保障

保障数智人才培养的全校覆盖需要构建全校一体化的数智人才培养体系平台。一是通过四个类型的差异化培养，满足全校不同专业学生各个层次的需求；二是在统一课程的同时，采取"基础+场景"的差异化内容，满足不同专业学生的交叉融通学习需求，比如测绘遥感类专业学生对于时空地理大数据更为敏感和偏好，经管类专业学生对于金融商务大数据分析更需要；三是构建全校共用的大数据资源池和课程教学资源库，满足学生进行大数据实训的需求；四是成立课程组，构建立体课程体系，开发教材和课件，统一教学资源；五是推动专业培养方案与数智课程体系的融合，通过课程置换和升级，推动专业的数智化转型升级。

5. 武汉大学数智人才培养的方案体系

5.1 数智人才培养的方案与课程教材体系

5.1.1 数智人才培养的总体方案与课程体系

基于对数智人才培养的理解，武汉大学构建了"五数一体"培养总体方案(见图8)，涵盖数字思维、数字素养、数智课程、数智人才和数智平台

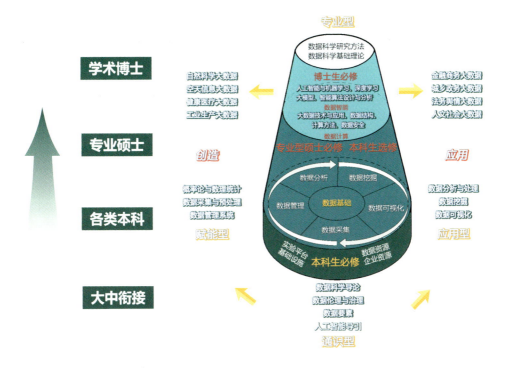

图 8 武汉大学数智人才培养总体方案

的总体培养目标与思路，支持高中、本科、专业型硕士和博士四个学历层次，"通识型、赋能型、应用型、专业型"四类人才，以及自然科学、空天信息、健康医疗、工业生产、金融商务、城乡政务、法务舆情和人文社会八大领域不同场景的人才培养。

为了更好地契合不同层次和类型人才的培养，武汉大学数智人才培养课程采取"分类+梯度"的模块化设置，按难度递增依次为数据基础、数据智算、数据创新三大模块，以适应不同学历层次和不同培养类型的差异化培养需求（见表3）。在课程设置方面，采取"融通+创新"的方式进行课程改革。一是融合现有课程，通过升级的方式落地课程教学，高效地实现课程优化；二是根据数据科学本身规律开设新课程，如"数据采集""数据管理"和"数据可视化"等。这些课程以前没有开设，或者开设得较为简单。学校

表3　武汉大学数智人才培养课程体系

培养层次	课程类型	序号	课程名称	备　注
本科	通识教育课程	1	数据科学导论	数据与大数据、数据科学理论基础、数据科学的新兴技术、图论与优化、数据组织与存储、大数据处理框架、统计分析与数据挖掘简介、数据可视化分析、数据的安全性、数据伦理问题、数据共享与数据开放、数据交易与数据治理
		2	数据伦理与治理	数据伦理与价值、数据生命周期、数据权利、数据身份、数据安全、数据公平、数据鸿沟、算法偏见、数据可信、数据伦理与治理相关政策法律、数据标准化管理、数据质量管理、数据伦理监管、公众数字素养
		3	数据要素	数据要素与数字经济、数据要素形式与服务、数据要素权属与法学、数据要素价值与定价、数据要素市场与交易

续表

培养层次	课程类型	序号	课程名称	备 注
本科	跨学院公共基础课程/专业型硕士补修课程	4	概率论与数理统计	随机事件、古典概型、条件概率、贝叶斯定理、随机变量、分布函数、均匀/指数/正态分布、条件/联合概率密度、数学期望、方差与协方差、相关系数、切比雪夫不等式、大数定律、中心极限定理、统计推断、抽样分布、参数估计、假设检验、方差分析
		5	数据采集与预处理	大数据数据源分析、网络数据采集与预处理技术、文本数据采集与预处理技术、社会网络数据采集与预处理技术、图像数据采集与预处理、空天信息数据采集与预处理、数据源选择、数据抓取、数据格式、数据频率、数据质量评估、数据存储、缺失值处理、异常值处理、数据清洗、数据变换
		6	数据管理系统	计算机体系结构、计算机存储设备、计算机操作系统、计算机文件系统、关系数据模型、关系代数、SQL 语言、关系数据库、数据库安装与运维、数据库程序设计语言、数据库应用接口
		7	数据分析与处理（Python/R/SAS/SPSS）	Python 基础、Pandas 库介绍、数据读取与导入、数据清洗与处理、数据过滤与筛选、数据合并与重塑、NumPy 库简介和基本操作、基本统计量计算、数据相关性分析、Scikit-learn 库介绍、数据预处理和特征工程、监督学习与无监督学习简介、线性回归和 k 近邻算法、分类与聚类、时间序列分析、深度学习实战

续表

培养层次	课程类型	序号	课程名称	备 注
本科	跨学院公共基础课程/专业型硕士补修课程	8	数据挖掘	数据及基本统计量、数据预处理、数据仓库与 OLAP、数据立方体技术、多维数据分析、关联挖掘、多层/多维空间模式挖掘、频繁模式挖掘、高维数据及巨型模式挖掘、压缩及近似模式挖掘、分类分析、聚类分析、离群点监测
		9	数据可视化	数据可视化的定义与作用、数据可视化的基本原则与设计原理、数据可视化基本框架、可视化设计原则、可视化理论发展、数据可视化工具、时间数据可视化、比例数据可视化、关系数据可视化、文本数据可视化、交互式数据可视化
专业型硕士	本科专业选修课程/专业型硕士必修课程	10	大数据技术与应用	物联网、边缘计算、云计算、云边协同计算、大数据存储架构、分布式文件系统、分布式数据库、NoSQL 数据库、云数据库、大数据处理架构、数据仓库、流计算、图计算、数据可视化、金融大数据应用、医疗健康大数据应用、人文社会大数据应用、领域大数据应用技术前沿
		11	数据结构	数据结构相关概念、线性表及其逻辑结构、线性表的顺序存储结构、线性表的链式存储结构、栈与队列、串的基本概念、串的存储结构、串的模式匹配、数组和广义表、递归、二叉树概念和性质、二叉树存储结构、二叉树的遍历、二叉树的构造、线索二叉树、哈夫曼树、线段树、图的存储结构、图的遍历、生成树和最小生成树、最短路径、拓扑排序、AOE 网与关键路径、线性表的查找、树表的查找、哈希表查找、插入排序、交换排序、选择排序、归并排序、基数排序、磁盘排序、磁带排序、文件的基本概念、顺序文件、索引文件、哈希文件、多关键字文件

培养层次	课程类型	序号	课程名称	备　注
专业型硕士	本科专业选修课程/专业型硕士必修课程	12	计算方法	机器数和浮点数表示、数值运算、数值误差分析、线性方程组求解、矩阵分解与特征值问题、特征值与特征向量、插值和逼近、数值积分和数值微分、线性/非线性方程组求解、单/多变量优化
		13	数据安全	加密和解密技术、常见的加密算法（如 AES、RSA 等）和加密协议、访问控制和权限管理、防火墙和入侵检测系统安全策略、密码策略、访问策略、数据备份和恢复、安全审计和监控、漏洞管理和安全补丁、物理安全、网络安全、安全漏洞评估和渗透测试、云安全
		14	人工智能与机器学习	机器学习的定义及分类、线性判别分析、逻辑回归、贝叶斯统计、贝叶斯决策、朴素贝叶斯分类、支持向量机与核方法、决策树、集成学习、随机森林、聚类分析、特征提取、人工神经网络、单层/多层感知机、反向传播算法
		15	深度学习与大模型	深度学习概述、词嵌入表示学习、近似训练、预训练 word2vec、全局向量的词嵌入（GloVe）、词的相似度和类比任务、卷积神经网络、残差网络、参数学习、循环神经网络、序列模型、语言模型、困惑度、编码器—解码器架构、序列到序列学习、注意力机制、自注意力和位置编码、记忆增强神经网络、图神经网络、Transformer 网络、少样本学习、零样本学习、大语言模型、大模型微调技术、大模型提示机理、网络优化与正则化、AdaGrad 算法、RMSProp 算法、Adadelta 算法、Adam 算法、数规范化、无监督学习、强化学习、元学习

续表

培养层次	课程类型	序号	课程名称	备　　注
专业型硕士	本科专业选修课程/专业型硕士必修课程	16	智能算法设计与分析	专家系统概述、博弈树、估值决策、剪枝、启发式算法、仿生算法、基因遗传算法、神经网络基础、损失函数与优化函数、价值判断函数、图像识别与分类应用、情感计算、自动驾驶基础
博士	专业必修课程	17	数据科学研究方法	数据科学研究方法概述、实证研究方法、定性研究方法、定量研究方法、案例研究方法、质性研究方法、实验设计、数据抽样技术、实证模型、推断统计学、因果推断、回归分析、时间序列分析、空间数据分析、实证验证、因子分析、结构方程模型、机器学习方法、统计软件和工具
		18	数据科学基础理论	信息热力学与信息熵、概率论基础、分布式文件系统、分布式数据库、数据仓库、统计学习方法、神经网络与深度学习、云服务与虚拟化技术
构建数据科学应用案例库，作为课程资源平台，将案例融入以上课程的实践教学				

大胆进行知识体系梳理与重构，开发新的课程，实现对现有课程的创新。在课程内容教学方面，采取"基础+场景"的差异化方式，即采取统一的基础知识讲授和针对不同场景的差异化应用实训。

5.1.2　本科数智人才的分类培养方案与课程体系

第一部分为通识类教育，包括"数据科学导论""数据伦理与治理""数据要素"。第二部分为必修课程，包括"概率论与数理统计""数据采集与预处理""数据管理系统"，主要是对数据本身的处理，强调数据赋能，而"数据分析与处理""数据挖掘""数据可视化"更多强调数据的应用。第三部分的学习更加专业化，对于数据科学专业学生，可作为选修课程进行补充学习，该部分课程分为两类：一是数据计算类，即偏数据本身；二是数据应用类，如"人工智能与机器学习""深度学习与大模型""智能算法设计与分析"。

课程设置体现了"分类+梯度""融通+创新""基础+场景"的特征（见表4），可以较好地涵盖本科"通识、赋能、应用、专业"四类人才的培养需求。另外，辅修数据科学专业学位的学生需要修读2门通识课程、6门专业必修课程及2门专业选修课程（共修读10门课程）。

表4 武汉大学本科数智人才培养课程体系

课程类型	培养类型	序号	课程名称
通识教育课程 （无需基础）	通识型	1	数据科学导论
		2	数据伦理与治理
		3	数据要素
跨学院公共基础课程 （按照数据生命周期设置课程）	赋能型	4	概率论与数理统计
		5	数据采集与预处理
		6	数据管理系统
	应用型	7	数据分析与处理
		8	数据挖掘
		9	数据可视化

续表

课程类型	培养类型	序号	课程名称
专业教育课程 （课程难度较高）	专业型	10	大数据技术与应用
		11	数据结构
		12	计算方法
		13	数据安全
		14	人工智能与机器学习
		15	深度学习与大模型
		16	智能算法设计与分析
辅修数据科学专业学位：2门通识课程+6门专业必修课程+2门专业选修课程（共10门课程）			

5.1.3 专业型硕士数智人才的分类培养方案与课程体系

为了更好地满足国家数智人才需求，武汉大学自主增设数据科学硕士专业学位类别，大力支持培养专业型硕士数智人才。武汉大学的专业型硕士发展多样化，存在"通识、赋能、应用、专业"四个类型人才的培养（见表5）。

表5　武汉大学专业型硕士数智人才培养课程体系

课程类型	培养类型	序号	课程名称
通识教育课程 （非数据科学专业型 硕士的素质教育）	通识型	1	数据科学导论
		2	数据伦理与治理
		3	数据要素

续表

课程类型	培养类型	序号	课程名称
专业补修课程 （专业类补修课程）	赋能型	4	概率论与数理统计
		5	数据采集与预处理
		6	数据管理系统
	应用型	7	数据分析与处理
		8	数据挖掘
		9	数据可视化
专业必修课程 （专业类核心课程）	赋能型	10	大数据技术与应用
		11	数据结构
		12	计算方法
		13	数据安全
	应用型	14	人工智能与机器学习
		15	深度学习与大模型
		16	智能算法设计与分析

注：专业型硕士修读上述所有课程。

　　通识型的硕士培养主要针对非数据科学专业型硕士，帮助其培养数据科学素养。本科必修课程，可作为专业型硕士的补修课程，也可作为专业型硕士交叉选修的课程，用以提高其数字素养。

　　赋能型的交叉专业型硕士培养，由于其对数据本身要求很高，可以将选修赋能型的数据科学专业型硕士课程作为交叉融通学习的重点；而偏应用型的专业型硕士，如金融专业型硕士和数字经济专业型硕士，可以将选修应用型的数据科学专业型硕士课程作为交叉融通学习的重点。

数据科学专业型硕士的必修课程（包括"大数据技术与应用""数据结构""计算方法""数据安全""人工智能与机器学习""深度学习与大模型""智能算法设计与分析"）可作为核心课程，满足其需求。由此，整个专业型硕士人才培养方案也可类似于本科人才培养方案，按照"通识、赋能、应用、专业"四类进行融通培养。

5.1.4　博士数智人才的培养方案与课程体系

培养目标与方向：数据科学作为一个发展迅速、应用广泛的学科领域，本身就有诸多深层次的科学问题亟待研究。根据数据科学的交叉融通性，数据科学的博士培养目标设定为：基于本科、专业型硕士的课程体系，关注数据科学更为基础的理论和更加前沿的方法，培养具有创新精神和创新能力的数据科学家和数据工程师。数据科学的专业方向可分为数据建模、数据计算和数据智能。

课程体系建设思路：在掌握数据科学中数据基础与数据处理相关知识的基础上，掌握扎实的数学基础知识，包括"优化理论和算法""随机算法分析"。同时，三个方向再开设两门基础核心课程，其中"机器学习理论""图像处理与计算机视觉""强化学习"属于相对成熟的课程，而"数据建模方法""计算范式""博弈和决策理论"属于较新的课程。另外，在培养数据科学交叉应用博士时，还应注重第五研究范式的思维培养，即将大数据驱动的科学研究与领域知识相结合的科学研究有机融合，实现从数据挖掘到知识创造与机理推断的转化（见表6）。

表 6　武汉大学博士数智人才培养课程体系

领域方向	核心课程	主要内容
基础课程	优化理论和算法	凸集、凸函数、对偶、优化算法……是很多数据挖掘、机器学习方法的数学基础
	随机算法分析	采样理论、矩不等式、哈希……是数据挖掘、机器学习算法分析的基础
方向一：数据建模	数据建模方法	范式方法、维度方法、实体方法、知识图谱等数据库、数据仓库领域常用的数据建模方法和工具
	机器学习理论	信息论、PAC 理论、ERM、VC 维、悔恨界等机器学习方法的理论基础
方向二：数据计算	计算范式	分布式计算、云计算、图计算……
	图像处理与计算机视觉	数字图像处理、3D 重建、模式识别……
方向三：数据智能	强化学习	MDP、经典 RL、深度 RL、领域前沿……
	博弈和决策理论	博弈论、决策论、投票理论、拍卖理论……

5.1.5　数智人才培养的教材体系

教材是育人育才的重要依托。教材既是课程建设成果的重要体现，也是传播课程建设成果的重要载体。适应数智人才培养和混合式教学改革需要，围绕数智人才培养课程体系，采取编选结合、边建边用的方式规划数智教育教材体系，积极开展数字化课程教材建设(见表7)。

一是编选结合，在遴选现有国内外优秀教材用书的基础上，组织编写一套拥有自主知识产权的教材教辅用书；二是边建边用，积极探索数字课程建设与出版，依托高等教育出版社推出一批数字课程出版物。

表7　武汉大学数智人才培养的教材建设规划

序号	课程名称	教材建设规划			
		新编	修订	选用	数字课程
1	数据科学导论	●			●
2	数据伦理与治理	●			●
3	数据要素	●			●
4	概率论与数理统计			●	●
5	数据采集与预处理	●			●
6	数据管理系统	●			●
7	数据分析与处理（Python/R/SAS/ SPSS）	●			●
8	数据挖掘			●	●
9	数据可视化	●			●
10	大数据技术与应用	●			●
11	数据结构		●		●
12	计算方法			●	●
13	数据安全	●			●
14	人工智能与机器学习			●	●
15	深度学习与大模型			●	●
16	智能算法设计与分析			●	●
17	数据科学研究方法			●	
18	数据科学基础理论			●	

5.2 数智人才培养的实施与特色

5.2.1 基于"五体驱动"的数智人才培养方案的实施

武汉大学数智人才培养方案的落实是一个系统性工程，需要做到学生（主体）全覆盖、课程（客体）全校选、资源（载体）全校用、教学（本体）全数智、专业（实体）全融合的"五体驱动"的全面推进。

学生（主体）全覆盖：四个类型四个层次的培养。分为"通识、赋能、应用、专业"四个类型，按照高中、本科、硕士和博士四个层次进行针对性培养，提供分层次和分类型的菜单式课程模块，满足学生不同培养模式的需求。

课程（客体）全校选：差异化教学与课程更替。建立课程组，在统一基础知识的基础上，结合不同学科专业背景差异，选取差异化场景内容开展教学；对传统必修课程进行升级，更新学习内容。

资源（载体）全校用：构建大数据案例资源平台。开发满足多场景教学需求的资源平台，按照八类场景，集合现有各个专业学科已有的大数据资源，构建全校大数据教学资源共享平台，为学生的差异化学习提供真实案例情景。

教学（本体）全数智：编教材、建慕课与强实训。构建数字化立体教学支撑体系，一是系统化着手新课程的教材编写工作；二是推动慕课建设；三是构建大数据实验平台支撑学生实训；四是推行教学的数字化跟踪与智能化分析；五是利用教学相长推进培养体系的持续迭代改进。

专业(实体)全融合：培养方案的升级与交叉融通。以培养方案改革为抓手，通过优化现有课程教学计划，分层次、分类型地推动各专业有针对性地选取数据科学部分课程作为本专业的核心课程或选修课程，推动各专业与数字化的交叉融合。

5.2.2　基于"三教融合"的数智人才全方位培养

武汉大学利用教研相长的导师资源、产教融合的行业资源与科教一体的研究资源助推数智人才的全方位培养(见图9)。数智人才培养是一个系统工程，一是推动教研相长，利用武汉大学的导师学术资源、学术前沿讲座和国际学术会议平台，采取"请进来、走出去"的双向学习模式拓宽学生视野；二是推行产教融合、科教一体，发挥和利用武汉大学的学科优势、重点实验研究平台和校友企业社会资源贯通产学研，打造多学科、多场景

图9　武汉大学数智人才的特色培养思路

融合的八个领域的大数据资源实训平台，培养学生理论联系实践、学以致用的能力。

5.2.3　基于"四真计算"的数智人才实习实践锻炼

为培养出具有实践动手能力的可用好用的数智人才，武汉大学将以真数据（算据）、真模型（算法）、真处理（算力）、真场景（算题）来训练学生运用真数据、学会真模型、体验真处理、解决真问题的能力。

真数据（算据）：实习实践数据资源是开展数智实习实践教学的基础支撑，针对自然科学、空天信息、健康医疗、工业生产、金融商务、城乡政务、法务舆情、人文社会八大领域，建设一批基础大数据资源，为相关专业和课程实习实践服务。武汉大学将与交叉研究机构和相关行业龙头企业进行合作，构建开放共享的真实大数据资源池，如测绘遥感信息工程国家重点实验室的地理时空大数据资源、大数据研究院的人文社科大数据资源，有效满足不同专业背景学生对各领域大数据实训的需求。

真模型（算法）：通过设置配套的实习实践课程，开展从数据采集、数据处理、数据管理、数据分析到数据应用全链路的工具软件和算法编程实习，满足通识数智素养和专业数智技能的人才培养需求。武汉大学将与行业领军企业合作，利用开放共享的数据算法资源，构建武汉大学的共享算法平台，支持学生掌握处理数据的数字素养和进行数据智算的相关经典模型方法。强化相关专业课程的算法实训内容安排，让学生分类掌握工具式分析或编程式分析的算法运用。

真处理（算力）：数智人才培养教学平台以工具、软件和算力为抓手，建设满足大数据、物联网和人工智能实习实践的实验室、实验设备、实验教学软件、云存储和配套的算力资源。武汉大学将利用构建好的超算中心、

10个国家级实验教学示范中心、3个国家级虚拟仿真实验教学中心和26个省级实验教学中心的算力资源,有效支撑学生在执行真实大数据计算时的算力需求,培养学生调度和运用算力资源的能力。

真场景(算题):武汉大学将依托教师的科研项目,与研究中心、行业企业密切联系,征集真实的科研问题和行业运用实践问题,并以实训课题的方式共享到武汉大学数智人才培养共创平台上,鼓励教师和学生共同解决问题,贯通产学研,培养具有场景知识和领域问题敏感性的高素质数智人才。全面支持学生开展数智学科交叉融合创新创业活动,建设支撑"互联网+""挑战杯"为主赛道、各个专业行业创新创业竞赛为赋能赛道的创新创业训创体系,培养实战型数智人才。

基于对落实和提升数智人才的数智技能、应用能力和创新创业思维的培养,武汉大学初步构建了"学—用—做—创"全要素的数智人才实践教学体系(见图10)。该体系集合了通识、交叉、共享、开放、创新的特性,涵盖了数智人才培养的实习实践课程体系、实习实践数据资源、实习实践教学平台和创新创业训创体系。

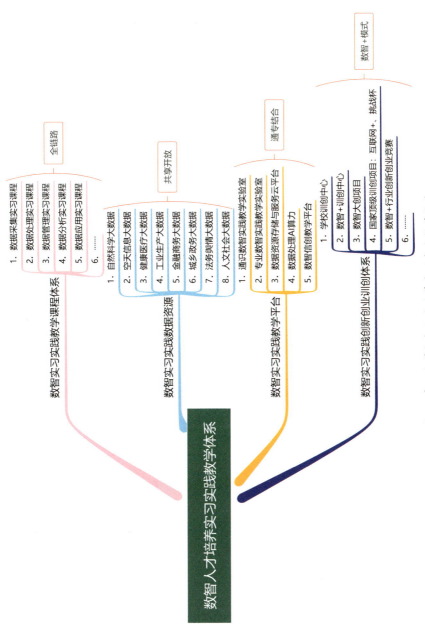

图 10 武汉大学数智人才培养实习实践教学体系

数智人才培养实习实践教学体系

数智实习实践教学课程体系 —— 全链路
1. 数据采集实习课程
2. 数据处理实习课程
3. 数据管理实习课程
4. 数据分析实习课程
5. 数据应用实习课程
6. ……

数智实习实践数据资源 —— 共享开放
1. 自然科学大数据
2. 空天信息大数据
3. 健康医疗大数据
4. 工业生产大数据
5. 金融商务大数据
6. 城乡政务大数据
7. 法务舆情大数据
8. 人文社会大数据

数智实习实践教学平台 —— 通专结合
1. 通识数智实践教学实验室
2. 专业数智实践教学实验室
3. 数据资源存储与服务云平台
4. 数据处理AI算力
5. 数智信创教学平台

数智实习实践创新创业训创体系 —— 数智+模式
1. 学校训创中心
2. 数智+训创项目
3. 数智大创项目
4. 国家顶级训创项目：互联网+、挑战杯
5. 数智+行业创新创业竞赛
6. ……

5.3 数智人才培养的实验创新教学支撑平台

5.3.1 实验创新教学平台的总体方案

为落实"顶层设计、统筹规划、分类培养、稳步推进"的数智人才培养方案，武汉大学将整合校内外资源，按照"共建共享、互联互通、交叉融合、开放运行"的总体思路，构建学校层面的实验创新教学平台，通过推进政教融合、产教融合与科教一体等途径进一步争取政府、研究机构、行业企业支持，建设平台"标准体系"和"一站式门户"，汇集"数据、工具、算力"三大资源，支撑人才培养、科学研究、创新创业和社会服务，在平台建设专家团队指导下，打造"共享、开放、交叉、创新、创业"的数智人才实验创新教学平台，让广大学生得以在"零距离"的实验实习实践中了解前沿技术，增强"数智"技能，成长为符合实际需求的数智人才（见图11）。

构建数智人才培养实验创新教学"六个一"平台，即"一套数据集、一套工具集、一个算力池、一套标准集、一站式门户、一个数智社区"。

5.3.2 实验创新教学平台的"一套数据集"

数智人才培养过程中使用的实习实践数据资源采取"共享、开放、交叉、融合"策略，与政府、企事业单位、国内外研究机构、交叉研究平台和行业龙头企业合作，按照统一标准建设。针对八大领域数智人才实习实践对数据资源的需求，建设具有学科特色的大数据、真数据的实验教学数据

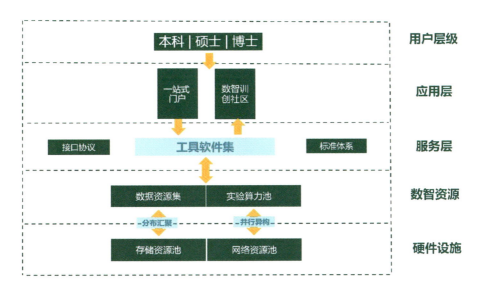

图 11　武汉大学数智人才培养实验创新教学平台

资源池，建立数据集元数据目录，提供可持续的大数据存储、处理和开发共享云服务。

　　数智人才培养实习实践数据资源的建设要依托八大领域优势的学科资源和行业资源，通过政教融合、科教融合和产教融合，将国家重大科研项目、国家重大工程和行业生产运行过程中产生的真实数据资源向教学资源转换，建设能够与当前科研水平相适应、与社会实际运行相匹配的实习实践数据资源，让学生能够在逼近真实的大数据资源上得以"零距离"地开展场景式数智技能实习实践，了解前沿技术，增强"数智"技能(见图12)。

　　数据资源建设需要遵循标准规范的信息资源管理流程，通过登记、标引、组织、存储、处理、发布、下载、开放使用等多个环节操作保证数据资源的质量。为标准化和规范化管理实践实验数据资源，学校将开发或采用较为成熟的数据空间管理软件对数据资源进行管理，同时采用众源的方式持续扩充数据资源，保障数据资源的时效性。

图 12　武汉大学数智人才培养实习实践数据资源

5.3.3　实验创新教学平台的"一套工具集"

　　面向数智人才培养核心课程实验实习和数智技能操作实践，建设从数据采集、数据处理、数据管理、数据分析到数据应用全链路的工具和软件集；利用国际开放共享的数据算法资源，与国内外科研机构合作，构建武汉大学开放共享的算法、模型、工具和软件集，支持学生参与从软件、工具操作到数据智算算法、模型的编程实习实训(见表8)。

表 8 武汉大学数智人才培养工具软件集建设方案

序号	数据资源	备注
1	通识工具软件集	包括 Matlab、R 语言、SPSS、SAS 等数智通识实验相关的软件工具集
2	开发工具软件集	各种数智计算、模型、AI 算法开发的编程工具集，如 Python、R 语言、C++、Java 等
3	模型算法集	国内外研究机构、行业企业建立的开放、开源共享的算法、大模型框架、AI 网络算法等资源
4	专业领域工具软件集	八个专业领域数智计算的工具软件集
5	专业领域模型算法集	八个专业领域数智计算的模型算法集

数智人才培养实验工具软件集的建设要依托八大领域优势的科研资源和行业资源，通过与国际开放组织合作、科教融合和产教融合，将国际政府组织间合作、国家重大科研项目、国家重大工程和行业生产运行过程产生的工具、软件和模型算法向实验实习实训转化，建设能够与当前科技水平相匹配的工具软件集，全面支撑高水平数智创新实验，提升数智人才培养水平。工具软件集的建设提倡开放、开源、共享，但也要保护知识产权。

5.3.4 实验创新教学平台的"一个算力池"

数智人才培养实验算力建设要充分保障学生开展数智计算实验算力的相对独立性，以武汉大学现有的超算为基础，采用并行异构的弹性架构，支持学校各专业实验中心扩展实验算力；支持政教融合、科教融合和产教融合，引入国家区域算力资源、科研平台算力资源、商用算力资源（如华为、阿里、百度等)租用服务，建成不少于 100P 的数智人才培养实验算力池，全面支持数智人才培养的实习实训和创新创业(见表9)。

表 9　武汉大学数智人才培养实验算力池

序号	数据资源	备 注
1	基础算力	学校超算中心算力根据实验课程的算力需求，分时弹性提供大数据计算、AI 训练、AI 推理实验算力
2	国家级实验教学示范中心算力	由 10 个国家级实验教学示范中心根据专业领域特点扩展建设实验算力
3	国家级虚拟仿真实验教学中心算力	由国家级虚拟仿真实验教学中心根据专业领域需求扩展建设实验算力
4	省级实验教学中心算力	由 26 个省级实验教学中心根据专业领域需求扩展建设实验算力
5	租用服务商用算力	根据数智实验需求，分时弹性地租用国家区域算力资源、科研平台算力和商用算力资源(如华为、阿里、百度等)
6	信创算力资源	建设部分特色专业领域，如遥感、网络安全、文化遗产等"信创"学科的算力资源
7	实验算力动态调配管理平台	对实验算力的需求、使用情况进行管理和实时监控，根据数智实验项目对算力进行调配

实验算力资源的建设遵循"开放、共享、可扩展"原则，在算力资源架构上，采用并行异构的计算框架，实现面向不同专业领域的数智实验需求动态扩展和弹性聚合；开发实验算力动态调配管理平台，分项分时的动态分配和调度计算资源，为各种数智实验开展大数据计算提供灵活的算力支

持，培养学生对算力资源调度和运用的能力。同时，数智实验算力动态调配管理平台还应具备高度的可靠性和稳定性，确保实验数据和模型的准确和安全。部分特色专业领域，如遥感、网络安全、文化遗产等涉及"信创"的学科，支持建设以国产信创存储产品、算力产品和自主大数据网络模型为基础的数据云平台和 AI 算力，开展以"信创"为目标的数智技能实习实践教学。

5.3.5 实验创新教学平台的"一套标准集"

数智人才培养实验教学平台按照统一的标准规范建设，构建实验创新教学全过程的标准规范体系，保障平台建设质量和开放共享。平台标准规范体系建设的总体原则是"有标贯标，多标择优，无标制定"，同时所建设的标准应适应项目建设实际，具备适用性、科学性、系统性、先进性、兼容性、开放性、扩展性。数智人才培养实验创新平台标准规范体系建设内容包含数据采集标准、数据存储标准、数据处理标准、数据质量标准、数据治理标准、数据管控标准、数据服务标准(见图 13)。

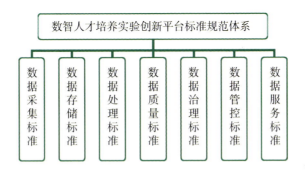

图 13　武汉大学数智人才培养实验创新平台标准规范体系

数据采集标准：定义数智人才培养数据资源集所需采集的实训数据、实验数据、创新数据的数据结构、对接方式、更新频率等内容。

数据存储标准：定义数智人才培养数据资源集接入数据的存储介质、生命周期、数据备份等内容。

数据处理标准：定义数智人才培养数据资源集的数据目的、处理流程、处理工具、软件认证、处理评价、处理记录等内容。

数据质量标准：定义数智人才培养数据资源集数据质量定义、评价标准、检验、管理和元数据，包括一致性、准确性、完整性、及时性等内容。

数据治理标准：定义数智人才培养数据资源集数据质量的治理流程、治理措施、评价方式等内容。

数据管控标准：定义数智人才培养数据资源集数据分级、访问、认证、授权等内容。

数据服务标准：定义数智人才培养数据资源集数据服务接口的开发、接入、调用等内容。

5.3.6　实验创新教学平台的"一站式门户"

建设数智实验教学资源服务的"一站式门户"，师生可以通过服务门户方便快捷地访问使用软件工具、算力存储、数据样本、算法模型、应用案例等数智资源服务，通过在线实验项目开展高中、本科、硕士、博士等多层次数智实验实训教学活动，通过科创种子项目"试验田"探索数智赋能的科技创新，通过在线开放社区交流分享更多数智学习资源(见图14)。

以让不了解数智的人了解数智、让想用数智的人便捷使用数智资源为目标，以安全可靠、方便快捷、灵活扩展、开放共享、一站式服务为原则，建设汇聚数据资源、实验算力资源、工具软件资源以及基础网络与存储资

图 14　武汉大学数智人才培养实验实训一站式门户

源等众多数智实验教学资源服务的一站式实验实训门户，通过统一 Web 应用服务开放接口，实现数智资源灵活装配与共享扩容。

5.3.7　实验创新教学平台的"一个数智社区"

数智人才培养创新创业训创社区建设是提升数智人才培养内涵、实现学科专业交叉融合的关键环节。建设高水平的数智公共平台训创中心，支持学校不同专业师生开展数智实验教学、科研创新应用、创新创业实战活动，建立数智创新创业文化，为师生提供像图书馆、体育场一样的常态化数智公共教育资源服务，以"互联网+""挑战杯"等全国高水平学科竞赛与创新创业竞赛为抓手，持续产出数智创新创业成果，探索科教融合、学科协同、产教结合的多样化数智人才训创模式(见图 15)。

数智认知 → 数智实践 → 数智创新 → 数智创业

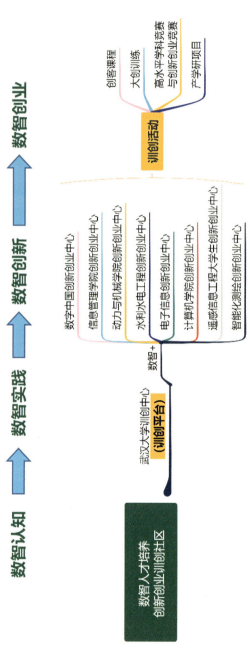

图15 武汉大学数智人才培养创新创业训创社区

　　数智人才培养创新创业训创社区以"数智认知—数智实践—数智创新—数智创业"为训创过程链条，采取"数智+"模式，以学校训创中心为依托，发挥学院学科优势，鼓励交叉创新与校企合作，持续支持建设一批"数智+"创新创业分中心。充分利用各种政产学研资源，通过创客课程、大创训练、竞赛活动、产学研项目等形式，全面支持师生开展创新、创造、创业实践活动，营造"数智+"人才培养环境。

6. 总结与展望

数智时代的强大穿透力，对各个学科都产生了巨大影响，推动了大学教育的数智化变革与创新。武汉大学顺应数智时代潮流，把握数智化转型机遇，统一思想认识，发挥自身优势，率先提出建立数智教育人才培养体系。武汉大学作为综合性大学，数智教育相关学科实力雄厚，具备学科交叉融合优势，同时建立了完善的通识教育体系，拥有优质的产学研资源，为数智人才培养奠定了坚实的基础。

武汉大学遵循"顶层设计、统筹规划、分类培养、稳步推进"方针，制定基于"五数一体"思路的数智人才培养方案体系，并集合全校资源打造服务全体师生的数智人才培养平台，力争做到数据科学知识学习与技能培养的专业与学生的全覆盖。武汉大学将数智人才培养分为"通识、赋能、应用、专业"四个类型，贯通高中、本科、专业型硕士和博士四个学历层次，采取"分类+梯度"的模块化选课、"融通+创新"的灵活性设课、"基础+场景"的差异化授课的体系化分类培养思路。

武汉大学将在数智人才培养方案体系的基础上，稳步推进基于"五体驱动"的数智人才培养方案的落地实施：建立各门数据科学核心课程的课程组，整合全校相关课程的教师队伍与教学资源；规划建设数智教育教材体系，积极开展数字化课程教材建设；实现基于"三教融合"的数智人才全方位培养，以及基于"四真计算"的数智人才实习实践锻炼。同时，武汉大学将整合校内外资源，按照"共建共享、互联互通、交叉融合、开放运行"的总体思路，建设平台"标准体系"和"一站式门户"，汇集"数据、工具、算力"三大资源，打造"共享、开放、交叉、创新、创业"的数智人才实验创新教学平台。

未来，武汉大学还将有组织开展数智教育科学研究及社会服务领域的改革探索，充分凝练并展现武汉大学在数智化领域的重要成果，进一步利用数智化推动高等教育的变革与创新，为我国社会发展贡献更多力量。